おせっかいサービス戦略

東田伸哉

WAVE出版

まえがき

私は、インターネットの宅配クリーニングサービス業界で2位の「リナビス」を運営する東田ドライの株式を、２０２３年３月に売却しました。驚かれるかもしれませんが、東田ドライにとって最良の判断を、適切なタイミングで行えたと確信しています。

私は大学卒業後すぐに家業に入り、２年後に父から社長を引き継ぎ、10年余りの間に、売上高を１億数千万円から17億円にまで成長させました。経営を行う中で、自分の得意なことと、他人に任せざるを得ないことは、客観的に見ることができていたと思います。

お客様からお願いされていないボタン付けや毛玉取りを、サービスとして無料で行うリナビスの「おせっかい」という価値を、ブランド戦略の中心に据えて、展開してきました。企業規模の拡大に伴い、「おせっかい」を維持することの難しさも痛感してきました。

このリナビスの最大の価値である「おせっかい」の部分は、経営側から見るとコスト増加要因となります。リナビスの価値の根幹でありながら、コスト増の最大の要因であることに直面しつつ、次世代のクリーニングビジネスを模索し続けていました。

そして規模の拡大に伴い、当社では誰も経験してこなかった大規模クリーニング工場の管理などの課題が浮き彫りとなり、経験豊富な大手の同業者にお願いすることも解決策の一つとして考え始めていました。

東田ドライは祖父が立ち上げた会社です。もちろん組織として頑張る道しか最初は頭にありませんでした。しかし、三代続く会社で「おせっかい」を成長の源泉として見出したのは私自身です。大きくした会社の未来は私が考える責任がありました。

家業として、そのまま私が経営を続けていれば、いずれはわが子が社長になることでしょう。しかし、20年後、30年後の人口減少社会で、日本のクリーニング業界を考えてみたときに、外部環境がまったく予想できませんでした。そして「おせっかい」で得た奇跡的な成果を、子どもが経営者として継承し継続できる保証はありません。

一族で受け継いでいくことにとらわれすぎると、企業としての柔軟性を失い、従業員にとっても、雇用の安定や待遇面で悪影響を及ぼす可能性があります。

そこで、企業としての価値が高いタイミングで、事業の持続性を最優先して考えた結果、株式を売却することを決めました。

スタートアップ期や混沌とした中から0→1を生み出す状況で、事業を成長させることが私の得意分野だと考えています。

私は大学卒業後すぐに家業に入ったので、就業経験や社会経験が少ない分、子供のような純粋でシンプルな観点から柔軟な判断ができます。しかし、大規模組織で求められる「体系的な経営」や「事業の確実な基盤固め」は経験がなく、私の最大の弱点だと感じていました。

リナビスは10年余りで急成長したため、スピード感と成長性では私の方が向いていたと思います。しかし、安定期に移行するには、より適した経営陣が必要であると考えました。

この規模で安定した利益を出しながら、組織をしっかりと整えることができる経営者にバトンを渡すことが、会社にとって最良の道だと考えるようになりました。

そうすることで、スタッフにとっても、今より良い環境をもたらすと考えていました。

株式売却後の新体制では営業利益が上昇していると聞いています。決して悪い選択ではなかったと考えています。

もともと職人だった両親は、現在もスタッフとして雇い入れていただき、工場で作業をしています。幼いころから可愛がっていただいたベテランの従業員も、変わらずに工場で働いてくれています。

リナビスのスタッフの皆さんにお伝えたいのは、株式を売却したのはクリーニング業の将来を考えた末の選択だったということです。

リナビスが「おせっかい」の精神を引き継いでいる限り、顧客へのサービス提供に変わりはなく、工場の経営も安心だと確信しています。

そして、その確信がどこから来るのか。リナビスの成功の軌跡をこの本に記しています。

２０２５年　兵庫県西脇より

東田伸哉

目次

兵庫県西脇市の風景

第一章

価値観の形成

幼少期から大学時代までの経験

幼少期

私が生まれたころ、東田ドライの業績は年間2億4000万円ほどで、ちょうど売り上げが伸び始めていた時期でした。

両親とも自社のクリーニング工場で共働きの家庭だったため、私は保育園の延長保育に預けられることが多く、いつも19時過ぎまで保育園にいました。両親とも仕事が忙しい状態で育ったので、延長保育では最後まで残ることが多く、いつも園長先生の部屋にいるような子でした。

私は周囲になじむのが苦手で、他の子どもたちと同じように振る舞うことができませんでした。幼稚園では、いつも園長先生と園長室で遊ぶことを好み、同じクラスの子どもたちが遊んでいる中では『子どもどうしで遊んでもつまらない』と感じて一人になっていました。

子どもよりも、大人との関わりを好む子どもだったようです。当時は孤立していましたが、孤独が好きというタイプではありません。寂しがり屋というのが根底にあったのだと思います。

5歳下の弟は、まじめで現在もリナビスで働いています。弟は私とは違い、言われたことをしっかりやるタイプです。私は、したくないことは一切せず、興味があることに熱中するタイプでした。

町工場という環境

祖父を継いだ父はクリーニング工場を運営していくので表面上ポジティブに見えますが、工場の運営に集中していたので世界が狭く、職人気質《かたぎ》な人でした。

祖父も父も、新しいことに挑戦するよりも、決まったことを着実にこなすタイプで、職人としてやるべきことをきちんとこなせれば、それでいい。そう言って黙々と仕事に励むタイプでした。

当時、田舎で工場を営んでいる家庭というのは、そういう傾向が強かったのかもしれません。外の世界と積極的に関わろうとするのではなく、自分たちの世界にこだわり、閉じこもってしまうような、村社会的な雰囲気があったように思います。

クリーニング工場の風景

生まれ育った実家は、工場に隣接していたこともあり、私は小学4年生ぐらいまではよく工場内の父の作業場まで出かけていきました。

朝、目覚めるとまず聞こえるのは、絶え間なく稼働するボイラーの音。それは「チュイン」とか「チュインゴーチュイーン」といった機械的な響きでした。

工場の壁からは、人が入れるくらいの大きさのダクトが４本も突き出ていました。ボイラーから放出される蒸気や廃気が「ボー」という音を立てながら外へと放出されています。これらの音は家の中にいても、どこにいても聞こえるほどにぎやかでした。

そして、工場の中では、８台のプレス機が

「パンパンパンパンパン」

とリズミカルな音を奏でます。

よく新入社員が工場を訪れると、ドライクリーニングの溶剤の匂いがすると言われますが、私はここで育ったので、特に変な匂いとは感じなくなってしまいました。そして、常に感じるのは蒸気に包まれた匂いでした。

それは温泉のような、しかし硫黄とは違う、ムワッと慣れ親しんだ水蒸気の匂いでした。

工場のおばちゃんたちも気さくに播州のなまりで声をかけてくれます。

「しんちゃん、また大きなったなぁ」

「今日は運動会かぁ、うちの子も5年生だから、あとで会うかもなあ」

私の原風景は、まさに町工場の息子という感じで、仕事と生活が密接に関わり合っているという感覚を自然と持つことができました。

母の仕事

職人気質な父がいる一方、私が母の仕事について意識し始めたのは、小学5年生ごろだったと思います。

そのころから、徐々に仕事中の母について回るようになり、母の仕事ぶりを間近で見ていました。母はクリーニングが仕上がった洋服を一着ずつ点検し、特にボタン付けや、ほつれ直しを丁寧に仕上げることをモットーとしていました。時にはすごい時間をかけて修繕することもあったようです。

それまでは、両親が忙しそうに働いている姿は見ていましたが、具体的にどんな仕事をしているのかには興味がなく、あまりクリーニングの仕事という認識をしていませんでした。子ども心に、ただ単純に父や母が「忙しそうだな」と感じている程度でした。

東田ドライは家族経営の会社で、当時はよくあったことかと思いますが、嫁姑問題も存在していました。

母は立場が弱く、週6~7日休みなく働いており、特に日曜日は社員に頼めない雑務を一手に引き受け、朝からお店を開けて夜遅くまで受注した洋服のデータの入力作業を行っていました。日曜はハイエースに乗って、当時数店舗あった支店を回り、クリーニング品を集めて工場に持ち帰ってきます。

クリーニング工場では、洋服が大きな袋にまとめて入れられています。小学5年生にもなると、大人の女性並みの体力がつき、女性が持ち運ぶような荷物は運べるようになりました。

このころには、私は母の手伝いとして、集配の自動車にも同乗するようになりました。帰りに当時流行していたカードゲームを買ってもらうのが楽しみでした。この時期は、カードゲーム目当てに母の手伝いをしていました。

この経験で少しずつクリーニングという仕事を意識するようになり、母の仕事ぶりを見て「仕事を丁寧にやるのは大変だ」と感じ始めた時期でした。

クリーニング業の厳しさ

今振り返っても、母の仕事は本当に大変だったのだと思います。中小企業の場合、年商が1億円とか数千万円レベルだと、業務が立て込んだ時に経営側が犠牲となる部分が多いのです。

当時の東田ドライの経営も、初代の跡を継いだ2代目の父が、言われたことを忠実にこなし、ひたすら働いているような印象でした。余剰分の仕事は母が休日を犠牲にしてこなしていました。そんな状況では、業務改善によって負担を減らすといったことは、考えること自体、なかなか難しいのだと思います。

私は、祖父や父の仕事ぶりを見ながらも、実は母の献身的な姿を間近で見ていたのだと、思っています。そしてそれが、リナビスの「おせっかい」の原点になり、家業を継いでからも、何とか事業を良くしたいという思いを強く抱いていたのだと思います。

当時、東田ドライでは、外交員と呼ばれる営業スタイルがありました。お客様のもとへ直接洋服を取りに行き、工場でクリーニングを行い、クリーニングが終わったらご自宅へ届けるというシステムです。そのころ、東田ドライには外交員が5名ほど在籍していました。

外交員の方々は、なるべく多くのお客様のもとを回るため、繁忙期には夜9時過ぎまで営業を続けることがありました。そうして苦労して集荷してきた洋服のデータをパソコンに入力する仕事は、母の担当でした。

わが家では、いつも夕方5時から6時ごろに夕食をとるのですが、食事の片付けが終わると、母はまた仕事に戻るのが繁忙期の日常でした。当時、父は早朝から工場の陣頭指揮をとっていたので、お酒を飲んで早く寝てしまうことが多かったのです。

小学校のころの私は、よく母が仕事をする横の椅子に座ってラジオの読み聞かせの番組を聞いていました。

高学年になってからは、母の作業机の反対側に机を置いてもらい、そこで宿題をするようになっていました。いつ仕事が終わるのかな？　と待っていると、「やっと終わったよ。お風呂入る？」

そんな何気ない日常の会話があり、家族を大切にする心を育ててくれたのだと思います。

おせっかいのルーツ

私は、中学生や高校生になっても、反抗期がありませんでした。

母とは毎日コミュニケーションをとっていて、大人になっても変わらずに母との関係を大切にしてきました。

だからこそ、母の「おせっかい」の精神に、大人になって気づくことができたのだと思います。

前述しましたが、母には、嫁という立場ゆえの不自由さがありました。少しでも売り上げにつながるような、クリーニングの現場でしたいことを実現できるような環境ではありませんでした。

ましてや、嫁が提案できる立場など、まったくなかったのだと思います。

「不便だからこれが欲しい」

といったことを、母から言い出せる雰囲気はありませんでした。

母は、そんな中でも自分にできる範囲のことから始めたのだと思います。お金をかけずに、針と糸さえあれば、手作業でお客様に喜んでもらえることがあったのです。それが、自分ができる範囲で心を尽くそうとする母の「おせっかい」の始まりだったのだと思います。

もし母が、もっと論理的な考えが通用する環境にいたら、別のアプローチで意見が通ったかもしれません。しかし、当時の母は、自分ができる範囲のことをコツコツとやるしかなかったのです。その時期の私はというと、週末に荷物運びの手伝いをする程度でした。

中学生になってから、クリーニングの仕事の具体的な内容については、あまり興味を持てませんでした。高校生になってからは、部活動に打ち込むようになり、家業のことはほとんど意識しなくなりました。高校時代に手伝った記憶はほとんどありません。

おせっかいの質

母が主に担当していた仕事は、ボタン付けとほつれ直しでした。ミシンは工業用のものを使っていましたが、基本的には手作業が中心でした。

一方、シミ抜きなどは父の担当でした。シミ抜きは、洗う前の工程で行うので、作業場所も違い、専門的な道具や薬品を扱うので、ある程度の知識や技術が必要になります。母の仕事は、工程の終盤の作業が中心で、手作業で行うものが多かったのです。

ボタン付けは、シャツやブラウスなどのボタンが取れてしまった場合や、取れそうなときに、新しいボタンに付け直す作業。お客様が洋服を持ち込んだ際に、ボタンが付属していれば、それを使用しますが、付属していない場合は、クリーニング店側で服の色や質感に合ったボタンを用意して付け直します。

母は手先が器用だったので、この作業が得意だったようです。ほつれ直しは、例えば、ジャケットの袖口の縫い目がほつれていたり、ズボンの裾が擦り切れていたりするような場合に、その部分を丁寧に縫い直す作業となります。

母はこれらの作業を、店舗の営業時間内にも行っていました。クリーニングの受付や仕上がり品の引き渡しの合間を縫って、ボタン付けやほつれ直しをしていたのです。繁忙期など、店舗の営業だけで手一杯のときは、自宅に持ち帰って作業します。

私が子どものころ、母が夜遅くまで作業している姿を見ていましたが、このほつれ直しの作業が多かった記憶があります。

ボタン付けやほつれ直しは、一見すると簡単な作業に見えるかもしれません。しかし、実際にさまざまな衣類に対応するとなると、かなりの知識と経験が必要になります。ボタンの付け方一つをとっても、服の素材や形状によって適したつけ方があります。母は、長年の経験から、そうした作業のコツをつかんでいたのだと思います。

また、母はいつの間にか工業用ミシンの使い方も熟知していました。ボタンホールの作成や、ファスナーの付け替えなど、手作業だけでは対応しきれない補修にも対応するためでした。家庭用ミシンとは違い、工業用ミシンは操作が複雑なので、母が独学で使い方をマスターしたのは本当に立派だと思います。

母のこうした仕事ぶりを間近で見ていたからこそ、私はクリーニング業の奥深さを知ることができました。表面的には単純そうに見える作業の裏に、職人としての熟練した技術・知識・そして経験が必要だったのです。些細な作業でも、手を抜かずに丁寧に仕上げる。お客様のニーズに耳を傾け、できる限りのことをする。母はいつもそんな姿勢で仕事に臨んでいました。

高校で学んだ理不尽

高校には、片道1時間10分かかるスクールバスで通っていました。私のテニス部での活動は、想像以上にハードでした。高校自体がスポーツ強豪校だったので、厳しい練習環境でした。

特に、毎週のように香川県の強豪校へ合宿に行き、合宿先の先生が怖い先生で、その高校が試合で負けていたりすると、まったく関係のない私たちまで、きついメニューをさせられることがありました。当時から理不尽な扱いを受けることに、だんだん慣れてきていました。

実は、これは経営の部分で原体験として今でも役立っていると思っています。経営者は何時から何時まで仕事をやったからといって、報酬がもらえるわけではありません。事業を立ち上げるときなど、やらなければならないことは、徹夜してでもやり遂げます。

社員には就業規則があるので、もちろんそれに守られていますが、経営者は立場とか関係なく、全部自分でやらないと、終わらないこともあります。そんなとき、「あのテニス部のときの経験があるから淡々と仕事がやれているんだよなあ」と本気で思うことがあります。

今では許されないのでしょうが、このテニス部では、本当に人間扱いされていないと感じることがよくあり、人間を一度やめるタイミングがあるというか、経営者に必須な要素がこの時期に養われたのだと思います。

最近、仲の良い友人からよく会社の愚痴などを聞きます。しかし、事業を立ち上げると、そんなことを言っていられない場面がたくさんあります。そんな時、たくさんの理不尽な経験も力になっているのだと強く感じます。

大学での課外授業

大学時代、私は愛知にある大学の現代社会学部に所属し、一人暮らしをしていました。経済学部よりも緩やかな雰囲気の中で、幅広く経済を学びました。

大学生活の中心となったのは二つのサークル活動です。一つは「ハッピーターン」という、お菓子のハッピーターンの粉が美味しいという話題から自然発生的に生まれた10人の同級生グループでした。月に一度集まり、夏休みには頻繁に遊ぶ仲の良い関係は、今でも続いています。

2年生になると、授業に飽きはじめた私はミクシィで社会人の多いイベントサークルと出会いました。このサークルは社会人4割、学生6割で構成され、月1~2回のペースでイベントを開催していました。私は企画運営を担当し、タップダンサーやファイヤーダンサー、マジシャン、ベリーダンサー、パントマイム・アーティストなど、様々なパフォーマーを直接交渉して手配しました。

参加者集めでは、内向的だった小学生時代からは想像もできないほど積極的になり、他大学のキャンパスにも足を運んで声をかけ、一日で20~50人と連絡先を交換することを目標にしました。この努力で、50人規模のイベントでも自分一人で20人ほどを集めることができました。

2~3年生の時は、月に30~50人規模のイベントを開催し、年に1度は100人規模の大きなイベントも実施しました。カフェやカフェバー、クラブを貸し切って立食パーティーを開き、時には男女のマッチングも企画。これらの企画運営で毎月20万円ほどを稼ぎ、アルバイトの必要もありませんでした。

しかし、私には「突き詰めたらパッとやめる」という性質があり、2年ほど没頭した後、「この時間の使い方は人生の無駄遣いではないか」と感じ始めました。知り合いは増えても本当の友人はできず、活動の意味を見出せなくなり、きっぱりとやめてしまいました。

今でも付き合いが続いているのは、特別な目的もなく一緒にいることが心地よい、ハッピーターンのメンバーだけです。

この経験は後の経営者としての姿勢に大きく影響しました。メールベースのコミュニケーションに対して「待つより今すぐ電話」という直接的なアプローチを実践しました。「やったことがないからできない」と、パーティーの勧誘に立ち止まる人が多い中、私は「やったことがないからこそ挑戦する価値がある」と考え行動しました。

経営で臆することなく突き進めたのは、周囲に流されず、シンプルにその時やるべきことを選択し、実直に行動する姿勢があったからだと考えています。

そして、4年生になるころには、サークル活動に時間を費やしたため卒業ギリギリの単位しか取得していませんでした。就職活動をしても良い会社に受からないだろうし、もともと家を手伝うのが当たり前だと思っていたので、実家のある西脇に戻ることを決心しました。

修理用の糸

第二章

経営への目覚め

家業への危機感と決意

クリーニング業への道標

日本のクリーニング業界は、ファスト・ファッションの台頭や、オフィスカジュアルの浸透などで、スーツやワイシャツを着なくなり、大きな環境の変化に直面していました。このような業界全体の縮小傾向の中、多くの地域密着型クリーニング店が経営の岐路に立たされていました。

そんな状況下で、大学を卒業するにあたり、家業を手伝いたいという思いがあり、就職活動をするモチベーションもなく、自然な流れで東田ドライに入社することにしました。特別な決断というよりも、幼い頃から工場と生活が密接に関わっていた私にとって、それは当然の選択でした。

祖父が創業した東田ドライは、地域に根付いたクリーニング店でした。最盛期には11店舗を展開し、年商は2億4000万円に達していました。地域一番店と自負できるほどの規模を誇り、街の人々にとって欠かせない存在となっていたのです。しかし、父が経営を引き継いだころから、業績は徐々に下降線をたどり始めました。

業績が悪くなった原因の一つは、祖父の学歴コンプレックスにあったと、私は思っています。祖父は小学校を卒業してすぐに働いたため、誇れる学歴はありませんでした。周囲の人たちからも「学校も出ていないのに」と言われ、悔しい思いをしてきたそうです。祖父は、そのコンプレックスをバネにして、必死にクリーニングの技術を磨き、店舗を増やしていきました。当時の地方のクリーニング店としては珍しく、積極的なビジネスを展開していました。

その努力が実り、東田ドライは地域一番店へと成長しました。地域の人々から信頼され、多くのお客様に利用されるようになりました。祖父は、自分の力で成功をつかんだことに誇りを感じていました。

しかし、成功を手に入れた後も、祖父のコンプレックスは消えることはありませんでした。むしろ、成功すればするほど、学歴のない自分に対する劣等感は強くなっていったのかもしれません。そんな祖父にとって、心の拠り所となったのがロータリークラブでした。ロータリークラブは、地域社会に貢献することを目的とした国際的な奉仕団体で、さまざまな分野のリーダーたちが集う場でした。

言い換えると、祖父にとっては町の名士の仲間入りをする場でした。

祖父は毎日のようにロータリークラブの活動に参加し、地域貢献活動として、清掃活動や募金活動、子どもたちへの支援などにも積極的に参加しました。しかし、ロータリークラブの活動に熱中するあまり、会社の経営を、経験のない父に任せてしまったことが、業績悪化の一因となっていったのだと思います。

両親は、そんな祖父の姿を見て、不安を感じていたと思います。しかし、誰も祖父に意見することはできませんでした。祖父は、会社をここまで大きくした立役者であり、従業員たちにとっては尊敬すべき存在だったからです。

私は、そんな祖父の姿を見て、複雑な気持ちを抱いていました。一方で、学歴なんかなくても成功できることを証明した祖父を誇りに思いました。

現実を知る

東田ドライに入社して2年目の6月の決算を迎え、初めて、会社の経営状況を知ることになりました。決算のときに税理士から決算書を見せてもらう機会がありました。その時、売り上げが予想外に少ないという事実に衝撃を受けました。1億4000万円の売上が計上されていましたが、うちの規模にしては少ないと感じました。想像していた半分ぐらいでした。

経理担当は母でしたが、税理士の指示通りに数字をパソコンに入力するだけで、その意味を深く理解している人は社内にはいませんでした。数字は入力するけれども、経営状況を把握している人は一人もいない。家族経営の多くの会社はそんなものだったのかもしれません。

ただ客観的にみると祖父が社長の時には売り上げが2億4000万円、父親の時には1億円ちょっと。祖父の時代で億という金額を稼ぐことはすごいなぁと思う感覚がありますが、今や中小企業で1億円や2億円の売り上げなど珍しくはありません。

このときに、漠然と「自分が何とかしなければヤバイ」と考え始めました。この決算がリナビスという新規事業を考える契機となりました。

違和感

そもそも、東田ドライに入社してから2つの違和感が頭に残っていました。

1つは、クリーニング作業の熟練度に対する経営的な視点の欠如でした。

入社当初、クリーニングの作業は一番単純な作業から、父が最初に教えてくれました。

「まあ、取りあえずはせっせと働くところから始めましょう」

みたいな形でワイシャツのプレスからOJT（オン・ザ・ジョブ・トレーニング）がはじまりました。

このワイシャツのプレスの作業時間としては、1時間で80枚処理できれば合格点という基準がありました。それは当時の東田ドライの基準です。

何年もやっているベテランの職人さんと比べたら、私のプレスなど、すぐにはきれいにできるわけがないし、細かなところを見れば、数年の経験が必要なのも理解しています。

しかし、「まあ及第点だろう」というレベルには、熱心に練習すれば数日で到達することができます。

その時に私の手際を見て、父が満足げな表情をしていました。

「ようできているやないか」

いつもはあまり誉めない父が喜んでいて、「これでいいのだろうか」と複雑な気持ちになりました。

当時、私の横で作業していたパートさんは時給820円。私は社員なので、月収25万円。時給ベースに換算すると、1000円から1100円ぐらいだったと思います。

同じ人が同じ労働して、300円の差が生まれます。私は社長の息子で社員なので、その事実を最初は疑問に思いませんでした。

しかし、この会社における自分の未来を考えたときに、経営側に立つ人間が一般のパートさんと同じ仕事をして、パートさんの技術に追いつき作業効率を上げる努力をすることが、本当にやるべきことなのだろうか？　という疑問が頭に浮かんできました。

要するに、ワイシャツのプレス作業は、早く正確に手が動く人が高い価値を保有している、労働集約型の作業であって、父がこのワイシャツのプレスを、私がそこそこ上手にできた程度で満足していたのが、疑問に感じたのです。

技術を高めることは品質向上にもつながり、結果的に経営にもプラスになります。しかし、本来私がやるべきことは、この熟練のプレスの品質を、多くの初心者がすぐに実現できる方法論や技術を考えることで、経営の強みに変えていくことではないか、そんなことを思っていました。

もう一つの違和感はクリーニング業の季節性についてでした。

冬物が出される4月～6月くらいの繁忙期だと朝4時から仕事をして、休憩をとり、ちょうど13時ぐらいから午後の仕事を始めます。そして、作業が終わるのが15時から17時ぐらいになります。

もちろん、季節性があるのは理解していましたが、工場が稼働しない期間がこんなにも長いことに驚き、そこに誰も疑問を持たないところに危機感を感じました。繁忙期の2カ月半は、みんなが、すごく早く起きて、必死な思いで作業をしていました。ですが、6月半ばに忙しさがやわらいでくると、「明日は9時でいいよ」と言われてしまいます。

繁忙期を過ぎると朝9時から仕事をして13時、14時にその日の作業が終わるわけです。

終わってから父は何をしているかというと昼寝をし始めます。早朝から稼働しているので、眠くなるのは当然です。私も最初は同じように昼寝をしていましたが、

「これで本当にいいのかな？」

と思えてきたのです。

忙しい時期があって、そのときにハードに体を動かして、それが終わるとまた来年忙しくなるから、少し休んで、という生活になってしまうのです。普通に考えたら楽だし、新卒でもまあまあな給料をもらえるし

「仕事があれば、まあいいか」

と思っていました。

しかし、父と同じように過ごす日々の中で、さきほどの疑問が頭をよぎるようになりました。楽な生活であることは間違いない。新卒で25万円程度の給料をもらえるクリーニング業は、地方都市では決して悪くはありません。

しかし、心のどこかで、

「この会社は成長していない、むしろ衰退していくのではないか」

と不安を感じ始めていました。

問題点

東田ドライの経営を俯瞰して見ると、多くの問題点が潜んでいました。まず、人材の活用という点。繁忙期と閑散期の仕事量の差が激しいため、パートさんの雇用が不安定になりがちです。繁忙期に人手が足りず、顧客サービスの質を落とすリスクがある一方で、閑散期には余剰人員を抱えることになります。

次に、設備の稼働率の問題。工場の稼働率が低いということは、高額な設備投資の費用対効果が悪く、会社の収益を圧迫しているということです。そして、最大の問題は機会損失です。閑散期を有効活用すれば、新たな事業を展開したり、従業員のスキルアップを図ったり、顧客満足度向上のための施策を打つこともできるはずです。しかし、当時は、その貴重な時間をただ漫然と過ごしてしまっていたのです。

そして、6月の決算を迎えて税理士さんが持ってきた内容を見て、初めて父が売上とか利益を理解するというのが毎年のことでした。

「なるほど、今年はこんな感じなんだね」

「ということで、今年の決算は赤字で、貸し付けしているお金が溜まっているので、給料を少なくして……」とか、

「給料をできるだけ減らしましょう」

などと調整をしていました。

客観的にみると売上も下がっているし、自分たちの給料も下げざるを得ない状態でした。

当時は自分でも具体的に何ができるのか、はっきりとしたことが言えないフラストレーションもありました。

「何かを変えなくてはいけない」という焦りもあり、それ以降、いろいろな場

面で社長である父と意見が衝突していました。

第三章

リナビスの誕生

「おせっかい」戦略で挑むＥＣビジネス

ホームページを作ってみた

クリーニング業界全体を見渡すと、市場は1992年頃から縮小傾向にあり、業界全体が変革を求められています。私がこの業界に危機感を抱き始めたのは、新卒の22歳のころでした。

それは父と一緒にクリーニング業界の展示会に参加した時でした。当時、セミナーで講師が

「接客トークを工夫すれば売上が上がる」

といった内容の話をしていました。

私は講師の言うとおりに少し試してみようか父に話しましたが、それを聞いた父は

「コンサルタントが金儲けのために言っているだけだ」

と具体化に取り合ってくれなかったのです。

自分の会社も含め、変化を避ける思考が業界全体にしみついているのだと感じました。

家業に入り、決算の実態を目の当たりにして、何か自分にできることはないかとモヤモヤしていました。クリーニング業全体に疑問を感じ、自分では何も解決策が見出せず、鬱憤がたまっていた時期です。

リナビスを始めるきっかけとなったのは、よくありがちな

「ホームページを作りませんか」

というホームページ制作会社の営業からでした。

今考えると、単なる営業活動だったのでしょうが、まだ若かった私は、「うちの会社に目を向けてくれるところもあるんだ」と感激してしまいました。

「もしかしてホームページを作ったらお客さんがたくさん増えるかもしれない！」

そんな淡い思いを抱いてホームページの制作を頼むことにしました。

当時私は、右も左も知らない地方のクリーニング会社の3代目だったので、ホームページを作ってくれる人たちとの横文字の多い会話が何か都会っぽくて、何か「現状を打開できるような新しいことを始めているんだ」そんなワクワクしたイメージを持って、制作会社の人たちと接していました。

ホームページの制作過程でいろいろと検索していたら、『インターネットで受発注を行う宅配クリーニング』というジャンルがあることを知り、担当者に「こんな感じのサイトを作って、ネット販売でクリーニングをやりたい」と軽い感じでお願いしました。

宅配クリーニングは、お客様が店舗に直接来店することなく、インターネットや電話で注文し、衣類の集配を宅配便で行うサービスです。これは、受発注からクリーニング作業の工程管理、配送管理や顧客管理などオンラインのシステム上で行うことで、従来の店舗型クリーニング業とは全く異なるビジネスモデルで、全く異なるシステムが必要でした。

依頼したサイト制作には3~4カ月がかかりました。納品されたものをいろいろといじってみたら、やりたいことができないサイトだということが理解できました。

私も初めての発注だったので何がやりたいのか明確でなかったのと、制作会社の方も表面的な理解しかしていなかったので、出来上がった時点で新しいサイトは、ほとんど機能しませんでした。

その結果、制作会社と交渉してサイトの所有権などを買い取る形で、自分たちの所有にしました。そこから自分でサイトをいじるようになり、インターネット・ビジネスへの理解が一気に深まるきっかけとなりました。それまで人任せだった会社のＩＴの部分を、自分で運営・管理するようになったのです。

リナビスの命名

リナビスというサービス名の誕生は、あっけないものでした。先ほどのホームページ制作会社との打ち合わせで、サービス名をどうするか決める必要があると伝えてきました。

この時、私は初めて仕事上で「名前をつける」という経験をしました。もちろん、そんなに大きなサービスになるとは思っていなかったので、深く考えずにネット検索を始めました。

「サービス名の決め方」と検索し、ターゲットをイメージしてその人たちに受け入れられる名前にするというアドバイスを見つけました。このサービスは主に女性が使うことになるだろうと思い、女性に受ける名前を探すことにしました。

「女性向けサービス名」と検索すると、ラリルレロから始まる名前が化粧品やアパレルでよく使われ、音感が可愛くて女性に響きが良いとされていることが分かりました。そこで、ラリルレロから始まる名前を考え始めましたが、しっくりくるものが見つかりませんでした。

さらに検索を進める中で、サービス名にはそのサービスをどう思ってもらいたいかという願いも込めると良いというアドバイスを見つけました。私は、「便利なサービス」と思ってもらいたいと考え、ひらがなで「べんりなサービス」と書いてみました。

その中に「リ」が含まれていることに気づき、真ん中を取って「リナビス」にしようと思いました。

リナビスというサービス名を決めたとき、私は会社の倉庫に置かれている古いソファに座っていました。倉庫は個室のようになっていて、休憩時間にゴロっとしながら考えていました。

その日は暑かったので扇風機をつけて名前を考え、約15分ほどで「リナビス」という名前に決めたことを覚えています。

そして、この決断がその後の私の人生に大きく影響をしてくるとは、思いもよりませんでした。

EC戦略の確立

リナビス成功の第一歩は、ネット検索で見つけた、大阪府堺市在住のECコンサルタントとの出会いからでした。当時、私は25歳、彼は31歳でした。

ＥＣでクリーニングサービスを提供するという考え方は、当時はまだ斬新でした。このコンサルタントは、そうしたオンラインビジネスの専門家でした。

その人は個人でコンサルティングをしており、総合的なスキルと経験を持つ人でした。元々就職経験がなく、ネットショップを自ら立ち上げ、一時期成功を収めましたが、組織マネジメントでつまずき、会社を畳んでコンサルタントに転身したという経緯がありました。事業を成長させることには成功したものの、拡大した組織を適切に管理することができずに苦労したのです。

彼はサイト構築から運用、分析までこなせる人で、特に分析をお願いしていました。ここでいう分析とは、ウェブサイトの訪問者数、滞在時間、購入率といったデータを収集し、そこから事業改善のヒントを見出す作業のことです。

彼との出会いから2年ほど試行錯誤し、ようやく結果が出始めました。

それまで、売上が思うように伸びず、コンバージョン率が1％以下、具体的には0・6％程度しかなかったのです。早急に手を打たなければいけないと思っていました。

コンバージョン率は、ウェブサイトを訪れた人のうち、実際に商品を購入したり、サービスを申し込んだりした人の割合を指します。例えば、1000人が訪れて6人が購入した場合、コンバージョン率は0・6％となります。一般的に、2％を超えると良好とされる中、0・6％という数字は非常に低い水準だったのです。

キーワード「おせっかい」の発掘

コンサルタントにうながされ、状況を打開するキーワードを探し求めました。自分の頭の中でブレーンストーミングをする過程で、たくさんの言葉の中から「おせっかい」がポロッと出てきました。その背景には、やはり幼いころからの母の仕事に対する敬意が強く刻まれていたのだと思います。

強いキーワードを見つけたと思って盛り上がっていましたが、当初は「おせっかい」という言葉だけでは売れず、サイト全体の見せ方やイメージを「おせっかい」に寄せて明確にする必要がありました。

例えば、ランディングページのデザインも制作会社と一緒に考え、ABテストも頻繁に行いました。ランディングページは、インターネット上で広告やリンクをクリックした後に最初に表示されるウェブページのことで、訪問者を顧客に変えるための重要な役割を果たします。

ABテストとは、2つの異なるバージョン（AパターンとBパターン）を用意し、どちらの効果が高いかを検証する手法です。例えば、ウェブサイトで使用する画像を変えて、どちらの方がクリック率が高いかを調べるといった具合です。ABテストを実施することで、ユーザーの反応に基づいて、より効果的なデザインやコンテンツを判断することができます。

具体的には、ボタン付けや毛玉とりなど、おせっかいの作業をしているスタッフの写真などを掲載して、お客様に服を預ける安心感を持っていただくように心がけました。

コンサルタントの協力のもと、売れるコンテンツ作りに注力し、分析結果をもとに施策の判断を行っていました。結局「おせっかい」というキーワードを取り入れたことで、結果的にはコンバージョン率0・6だったものが、4％から5％台に上がり、売上が増加し始めたのです。

リナビスのユーザー像と顧客ニーズ

ＥＣ戦略を確立する中で、私たちはリナビスのターゲット顧客層を明確に定義しました。クリーニング業界ではターゲットを読むことがビジネスを左右します。リナビスは主にどのような人たちのニーズに応えているのかというと、忙しい方や服を大切にしている方に寄り添うサービスだと考えています。

私が考えるリナビスの典型的なユーザー像は、30代半ばころの、服が好きな人たちです。ただ単に服が好きというだけでなく、ある程度の所得があり、クリーニングに出してでも服を長く大切に着たいと考える人たちがメインのユーザー層だと思います。

例えば、ファスト・ファッションのショップなどで購入した比較的安価な服を大事に着る人もいるでしょうが、リナビスのユーザーは、もう少し価格帯の高い服を長く愛用したいと考える人が多いようです。つまり、ある程度の所得があり、服へのこだわりを持つ人たちです。

そうでない人、つまり所得があまり高くなかったり、クリーニングに関心がなかったり、服をそれほど大事にしようと思っていない人は、「クリーニングはどこに出してもいい」という考えを持っているかもしれません。

一方、リナビスのユーザーは、クリーニング業者に関して
「ここで本当に大丈夫なのか」
「もっと服を大切に扱ってくれるところはないのか」といったことに具体的なニーズを持っている人たちだと思っていました。

クリーニングに限らず、服だけでなく、自分が購入する商品やサービス全般に対して、何らかのポリシーや考え方を持っている人たちが多いと考えられました。

実際、関東在住でも、わざわざリナビスを選んで利用してくれる方が大勢いらっしゃいます。それだけ能動的にクリーニング消費をしている人が多いのだと思います。

リナビスのユーザーは、ある程度のこだわりや考え方を持った上で、モノを大切にして丁寧に暮らす姿勢がある方々。

リナビスは、そういった顧客層に対して、丁寧なクリーニングサービスを提供することを使命としています。彼らに「おせっかい」という名の丁寧なサービスが響いたのだと考えています。

このようなターゲット像の理解は、私たちのマーケティング戦略や「おせっかい」という戦略・戦術の開発に大きく影響しました。

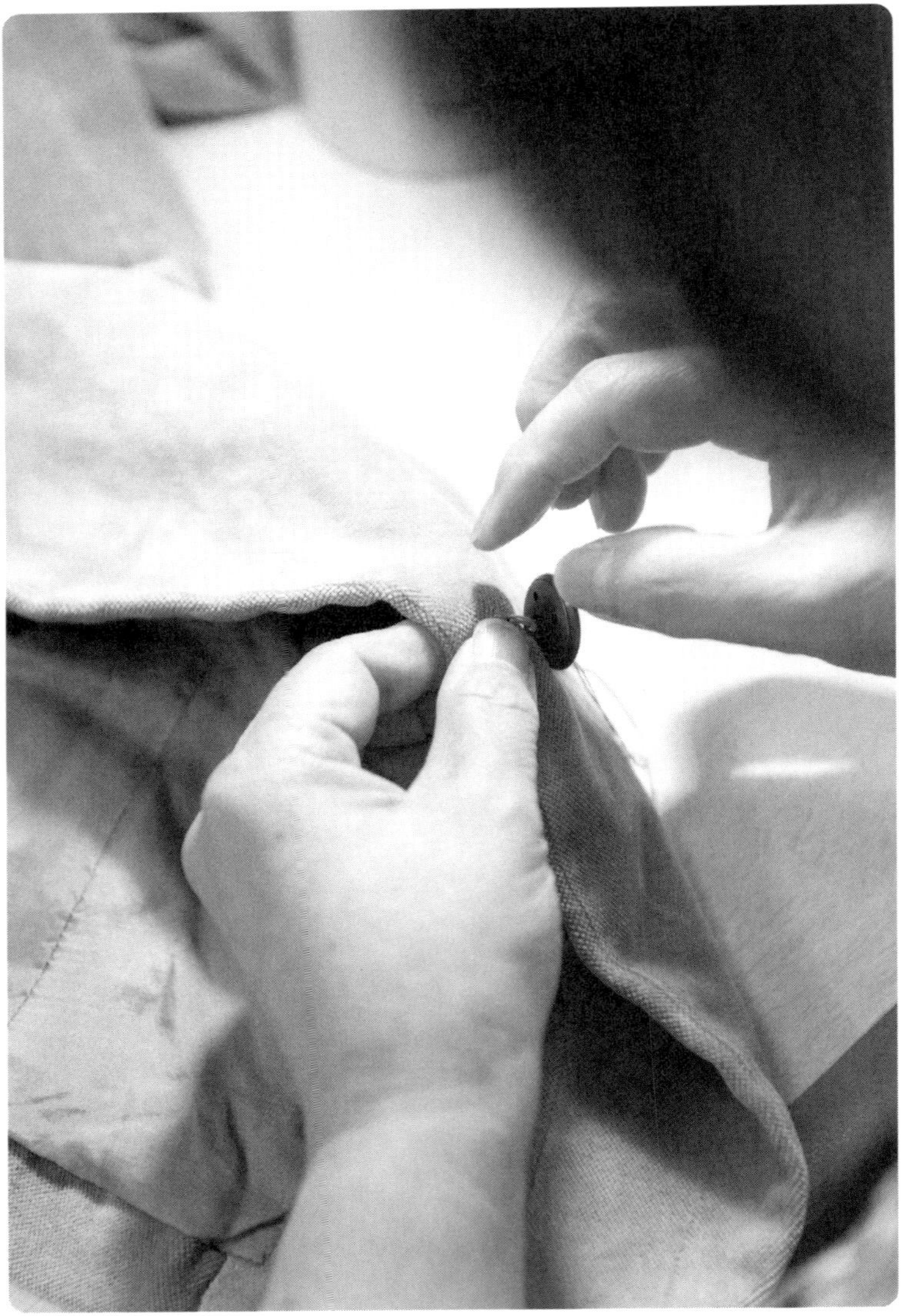

ボタン付け

第四章

おせっかいの奇跡

キーワードの使い方と売上急増

革命を起こした日

「おせっかい」という言葉の力は大きかったのですが、ただサイトに掲載するだけではなく、その言葉が持つ意味や価値をしっかりと伝える必要がありました。

最終的に、売れるコンテンツを作ることができ、サイトの構築から運用、分析までを一貫して行うことで、売上を伸ばすことができました。試行錯誤の過程で学んだことは多く、ＥＣコンサルタントの助けがなければ達成できなかった成果です。

そもそもコンサルタントの協力を得てから2年、２０１５年の秋ごろに「おせっかい」という言葉を使い始め、結果が出るまでには10カ月近い期間を要しました。

２０１６年の４月、売上が劇的に増加しました。前月３月の売上は２００万円ほどで、前年と比べて、順調に伸びているという程度でした。

そして、４月10日だったと思います。家族と近所のイタリアンで昼食をとっていた時でした。私の携帯電話がひっきりなしに鳴り始めました。

当時はスタッフがいなかったため、全てのサービスに関する電話とメールが私の携帯に転送されるようになっていました。鳴っていたのは注文が入ったことを知らせる音でした。翌日、受注数を確認すると一日で数百万円の売上がありました。

前月までの１カ月の最高の売り上げを一日で超えてしまったのです。この日からリナビスを取り巻く環境は一変しました。

ティッピングポイント。事態が一瞬で変わる瞬間とは、このときでした。前年に発見したキーワード「おせっかい」という言葉の使い方と、見せ方を変える努力を続けたことで、アフィリエイターたちが一斉に扱いはじめてくれたのです。

特に、上位のアフィリエイターは、月に何百件、何千件も売る力を持っていたことを、私は深く理解していませんでした。

アフィリエイターとは、自身のウェブサイトやブログで商品やサービスを紹介し、そこから発生した売上に応じて報酬を得る人たちのことです。彼らの協力が、リナビスの認知度向上と顧客獲得に大きく貢献してくれたのです。

そこからが本当のリナビスの始まりでした。

リスティングとアフィリエイト

リナビスの広告戦略は、主にリスティング広告とアフィリエイト広告に重点を置いていました。リスティング広告とは、検索エンジンの検索結果ページに表示される広告のことで、ユーザーの検索キーワードに応じて表示されます。

この広告では、翌月の予算を事前に決定し、売上に対する確実な効果を追求しました。リスティング広告を運用することで、現在の売上状況や広告効果をリアルタイムで分析し、必要に応じて内容を調整することができました。

売れる状態が整うまでには多くの準備が必要でしたが、売上が増えると同時に広告予算も増やしていく戦略が功を奏しました。当初、月々の広告予算は数万円から始まり、20万円、50万円と増額していき、売上が安定して増え始めたころには数百万円、時には１０００万円単位で広告費を投入するようになりました。

一方、アフィリエイト広告は成果報酬型の広告で、商品が売れた分だけ広告費を支払う仕組みです。このため、売上に応じて柔軟に予算を調整できるメリットがあります。リスティング広告の予算は詳細に管理し、アフィリエイトは多く売れたらその分支払うという体制にしていました。

この二つの広告手法を組み合わせることで、効果的な予算管理と広告効果の最大化を図りました。特にリスティング広告は、売上の動向や広告の効果を自分たちでコントロールし、分析するためにも非常に重要でした。

他人の運用結果だけを頼りにするアフィリエイトだけでは、広告効果を詳細に把握することは難しかったのです。

コンテンツマーケティング

広告以外の取り組みとして、ブログを活用したコンテンツマーケティングを展開しました。コンテンツマーケティングとは、価値のある情報を消費者に提供することで、顧客との信頼関係を構築し、最終的に商品やサービスの購入につなげる手法です。

リナビスが軌道に乗る前から、私は毎日2本の記事を執筆し、SEO（サーチ・エンジン・オプティマイゼーション）対策に力を入れました。

SEOとは、検索エンジンの検索結果で上位に表示されるようにウェブサイトを最適化する施策のことです。1記事につき最低1200文字、1日で2400文字以上のブログを書くことを目標としました。

この取り組みには複数の意義がありました。

まず、SEO効果により検索エンジンでの上位表示を狙えます。また、ブログを書くことでクリーニング業界の専門的な知識を吸収し、経営者としての自信にもつながりました。

大学時代に読んだファッション誌で
「モテる男は根拠のない自信を持っている」
という記事に感銘を受けたことがあります。

ブログを毎日書いていけば、受注量が飛躍的に増えるはずだと、それこそ根拠のない自信を持って書いていました。

当初は「ブログでリナビスを成功させる」という目標を掲げ、100日間、毎日2本の記事を書くことに挑戦しました。この目標を達成し、自分に対する自信がさらに大きくなりました。

また、ブログを毎日書くことで、事業に対する真剣度が高まります。リナビスが軌道に乗る前の時期は、広告を出してもすぐに結果が出ないことが多く、手持ち無沙汰になることが数多くありました。

そんな中、毎日ブログを書くことで、自分自身を鼓舞し、事業への集中力を維持することができました。

ブログの内容は主にクリーニングに関する情報で、SEO対策を意識したキーワードを盛り込みました。例えば、「クリーニングのコツ」「衣類の手入れ方法」「シミ抜きのテクニック」といったクリーニング周辺の具体的な内容です。

この努力で、検索エンジンからのアクセスが増え、多くの読者にリーチすることができました。結果として、ブログを書くことは事業の成長に大きく貢献しました。

おせっかいの真髄

リナビスの「おせっかい」は、単に余計な世話を焼くということではありません。お客様の立場に立って、期待以上のサービスを提供することを意味します。例えば、クリーニングを依頼された衣類に付いていた小さなほつれを、お客様に言われる前に修繕するといったことです。

私自身も、最初のころは、出荷作業を手伝うことがありました。現場が忙しい時には1～2時間ほど箱詰めを行うこともあり、その際には服の詰め方にもスタッフ全員、一工夫を加えていたことを知りました。

お客様の家庭の様子は、送られてくる服の種類やサイズからなんとなく想像できます。ご家族で注文してくださる方も多く、特に子ども服が入っている場合には、その服が一番上に来るように梱包しました。

私にも子どもがいますが、親というのは多くの場合、自分のことよりも子どものことを優先します。箱を開けた時に綺麗に畳まれた子ども服が一番上にあることで、お客様に少しでも喜んでもらえるのではないかと考えていました。

このような細かな気配りやおせっかいこそが、私たちのサービスの価値だと信じています。マニュアルには記載していませんが、現場のスタッフにもその考えを共有していました。

たとえ会社の売上が十億円規模に成長しても、現場のスタッフ一人ひとりが「おせっかい」の精神を変わらず実践していることに、私は大きな誇りを感じていました。

経営の視点から見れば、時には効率化やコスト削減を優先したい場面もあります。しかし、スタッフはそんな時でも手を抜かず、一つ一つの仕事に丁寧に向き合っています。例えば、生産が遅れている日でも「おせっかい」は忘れず、急ぐべき局面でも品質を守る姿勢を貫いています。

こうした姿勢は、リナビスのブランド価値そのものであり、ブランド戦略が細部まで浸透している表れだと考えています。

一日に何千着もの衣類を処理するクリーニング工場では、一人のスタッフが作業を怠っても大きな影響はないかもしれません。しかし、そのような姿勢が広がると、「おせっかい」をすることの価値が徐々に薄れてしまいます。

さらに、リナビスでは、お客様の思い入れのある服をお預かりすることが多く、これがサービスの本質となっています。

例えば、こんなお客様がいらっしゃいました。

お母様からもらった思い出深い服をリナビスに出されました。その服は他のクリーニング店では汚れが取れなかったため、どうしても綺麗にしたいという強い思いがあったそうです。

当社でお預かりした際に、いろいろと手を尽くしたものの、完璧に汚れを取ることはできませんでした。それでも「どこよりも綺麗になった」と感動の声をいただきました。

染み抜きは熟練の技術が必要で、大手のクリーニング店では流れ作業の一部として処理されてしまうことが多いのですが、当社では一つひとつの服に対して専門である父が指導をして最善を尽くすことを心がけています。

このような姿勢が、お客様に信頼される理由の一つだと考えています。

修理サービスも多くのお客様に喜ばれています。おせっかいの原点でもありますが、ボタンの糸が取れかけているような細かな部分にも目を配り、丁寧に修理しています。「気づかなかったところまで直してくれてありがとう」と感謝されることが多くあります。このように、お客様の期待以上のサービスを提供することが、リナビスの強みとなっています。

リナビスを立ち上げた初期のころは、私も現場に出て、直接お客様の声を聞くことがありました。春先には大量の洋服がバッグに詰められて送られてくるため、その対応に追われていました。

お客様からのお手紙も数多くいただきます。

「今年もリナビスさんにお願いしようと思いました」

「去年も綺麗にしていただいたので、今年も同じ服をお願いします！」といったといった感謝の言葉や、継続的な信頼の言葉が寄せられました。

お手紙を読むたびに、私たちのサービスが期待されていることを実感し、経営者としての責任とやりがいを感じました。

リナビスでは、価格競争ではなく、付加価値の高いサービスを提供することで、単価を上げる戦略を取りました。具体的には、衣類のシミ抜きや修理、ボタン付けなどの細やかなサービスを標準で提供し、お客様の満足度を高めました。

ここで言うリナビスの付加価値とは、商品やサービスに対して、顧客が感じる情緒的な価値のことです。リナビスの場合、単にクリーニングをするだけでなく、衣類の部分まで気を配り、丁寧に仕上げることで、お客様に高い満足感や安心感を提供しています。

2018年カンブリア宮殿への出演

リナビス成功のもう一つの転機となったのがテレビ東京のカンブリア宮殿への出演でした。この出演でリナビスの認知度が飛躍的に高まり、売上が前年比2倍になり、採用面でも大きな成果を上げることができました。

カンブリア宮殿は、テレビ東京系列で放送されている経済ドキュメンタリー番組です。成功を収めた企業や経営者にスポットを当て、その経営哲学や事業戦略を紹介しています。この番組に出演することは、リナビスの知名度を高める機会となります。

放送後、採用への応募者が急増し、多くの才能ある人材が私たちのもとに集まるようになりました。これにより、採用プロセスにおいても以前より選択肢が増え、より多様なスキルを持った人材を獲得することができました。

ただ、テレビ出演による影響はポジティブなものだけではありませんでした。注文数が急激に増加したため、一時的に生産が追いつかなくなり、これがクレームの原因となりました。この問題を解決するために、コールセンター専任のスタッフを配置することになりました。

私の採用方針は、
「大変な経験をしてきた人が望ましい」
というものでした。

実際に採用候補者と一緒に食事をして、彼らの人生経験や困難に直面した時の対応を聞くことで、彼らが未来の課題にどう立ち向かうかを見極めていました。

この採用方針は、単に技術や知識だけでなく、人間性や問題解決能力を重視するものです。困難を乗り越えた経験は、仕事上の課題に直面した際の対応力につながると考えたのです。

カンブリア宮殿に出演して以来、リナビスはブランドとしての認知度が向上し、それが直接的に売上増加につながりました。放送がきっかけで得た注目は、リナビスという私たちのサービスが市場において独自の地位を築く助けとなり、それがまた新しい顧客層を引き寄せる結果となりました。

この経験からも明らかなように、メディア露出は企業にとって計り知れない価値をもたらすことがあります。それが適切に戦略に組み込まれれば、その効果は予想を超えてくるのです。

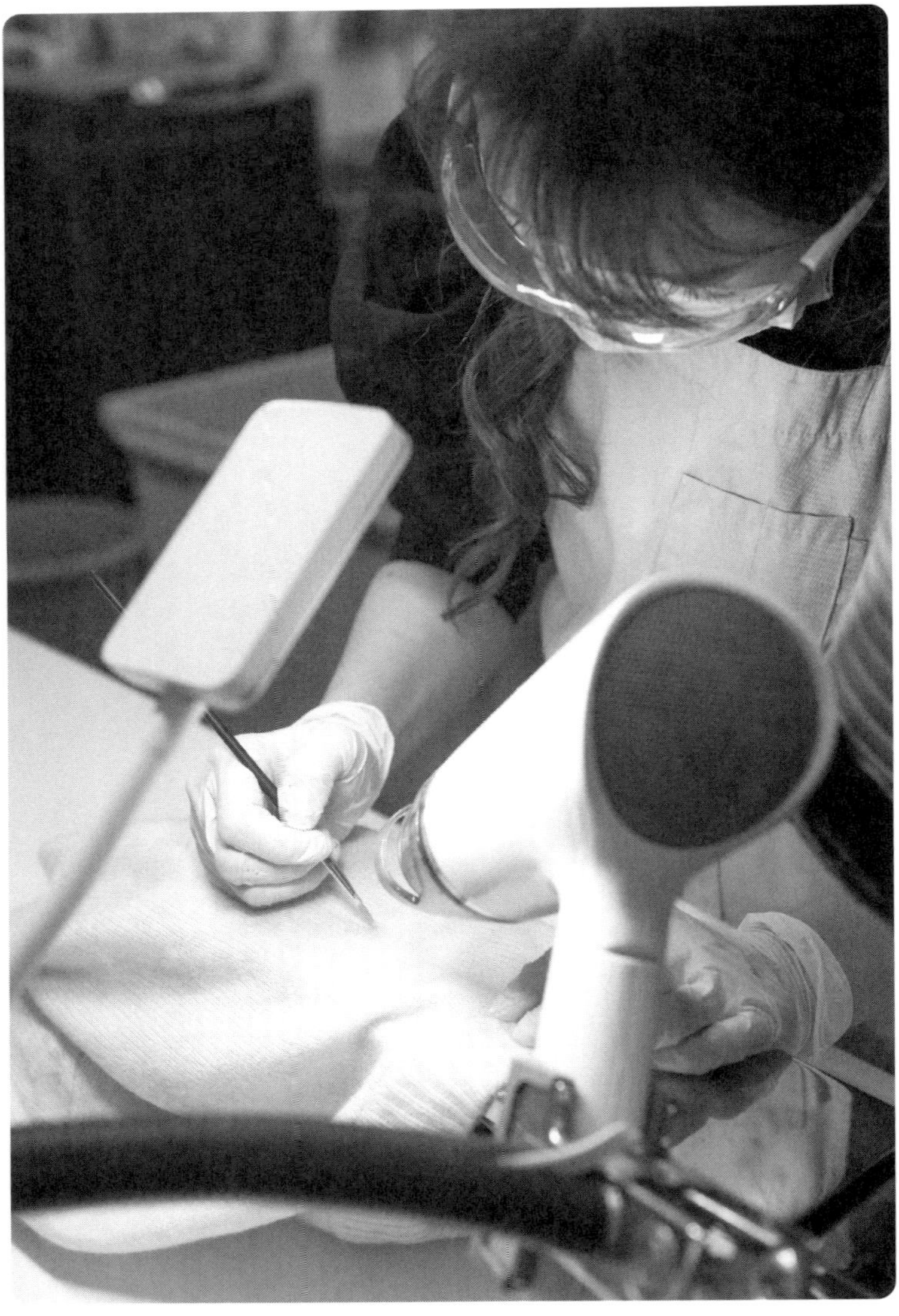

染み抜き

第五章

成長の軌跡

組織拡大と課題克服

管理上の課題

急速に拡大する組織の中で、管理上の課題として、生産業務の仕組みを整えることが重要でした。しかし、それと同時に、「おせっかい」という情緒的な要素をスタッフに理解してもらい、適切に対応してもらう必要もありました。

生産業務の仕組みとは、クリーニングの受注から納品までの一連の流れを効率的に管理するためのシステムや方法のことです。一方で、「おせっかい」という情緒的な要素は、数値化や標準化が難しく、各スタッフの判断や気配りに委ねられる部分が大きいのです。

例えば、「このボタンのつけ方はどうしましょう?」というような日常的な課題があります。ボタンをつける作業を行う部門では、約10人の作業者がいます。ここに明確なルールがなければ、判断に迷う場面が増え、作業が滞る恐れがあります。一日に処理するべき作業量はおおよそ決まっています。

ボタンの例で言えば、似たようなボタンがあればそれを使用する、一着あたりのボタンの数に上限を設けるなど、作業をスムーズに進めるための基本的なルールは設けています。

ただし、これらのルールは作業の進捗を効率化するためのもので、余裕があれば、これらに縛られる必要はありません。ルールに従ってボタンをつけても、お客様にお戻しするときに一つ足らなかったら「おせっかい」が評価されなくなってしまうからです。

「おせっかい」の浸透

他社が行う最先端のＩＴを活用した効率的なクリーニングのビジネスでは、高学歴で知的な人材が知恵を集めて、工程の効率性を最優先するでしょう。

東田ドライは兵庫県西脇市にある地方の工場で、普通の人たちが作業をします。もちろん効率性は求めますが、それを追求する賢さではなく、作業そのものに価値を見出し、心を込めて丁寧に仕上げることを最大の価値としてとらえ、それが一番の強みだと考えています。この点で、他社とは異なる価値観を持っていると考えています。

社内の人員構成を見ると、例えば全スタッフが200人いるとすると、そのうち経営や戦略に携わる人は10％の約20人です。製造と販売が分かれているわけでもなく、経営部門と実際の作業部門が密接に連携しています。

特に、経営部門が現場に対して直接介入することなく、現場の自律性を尊重する方針を持っています。従業員が自分で「おせっかい」の精神に基づいて判断し行動することが、他にまねできないリナビスの強さになっているのです。

生産上の危機

クリーニング業界は歴史が長く、設備も古いままの企業が多く見受けられます。例えば、食品などの工場と比較すると、クリーニング工場は一般的に資金の回りが遅く、自動化も進んでいません。

人間の手作業を機械やコンピューターで自動化する技術もできていますが、設備投資をする余裕がないのが現状です。クリーニング業界では、洗濯機や乾燥機の導入は進んでいますが、衣類の仕分けや仕上げなど、依然として人手に頼る部分が多いのです。

さらに、消防法や他の規制が時折更新されるものの、既存の設備のまま許されているケースが多く、法を完全に順守しているクリーニング工場は全体の2割にも満たないと個人的には思っていました。

東田ドライも古くからの工場で稼働していたので、法的な変更なども意識せず業務を進めていました。しかし、ここに甘えがあったのかもしれません。リナビスがメディアに取り上げられる機会が増え、売上が急増する中で、業界内での注目度も高まりました。それが一部の競合店からの通報につながり、結果として消防署の抜き打ち検査を受けることになりました。そして、従来の設備が新しい消防法規制に適合していないことが指摘され、改善を求められました。

具体的には、引火性のあるクリーニング溶剤を使用する洗濯機同士は、4メートル以上離れている必要があり、その間には他の機材を置いてはならないという規則がありました。

通常の業務効率を考えると、洗濯機はなるべく近接して配置するのが一般的であり、他の多くの工場でも同じ状況が見られていました。当時のリナビスでこの規制に対応するためには、工場の稼働を4日間停止する必要がありました。

この期間、一日あたり約4200着をクリーニングしていたため、合計で1万6800着の生産が遅延することになりました。このような工場の停止は、生産計画に大きな影響を与え、繁忙期直前の8月ということもあり、その後の生産ペースの回復を困難にしました。

対応策として、一日あたり300着ずつ増産することで、徐々に遅れを取り戻そうとしました。しかし、人員、その他で計画以上のリソースを投入する必要があり、その過程で新たな問題が発生することもありました。

急成長に伴う苦労

また配送業務や倉庫管理など、自社で行っていた業務の一部を外部の企業に委託することでさらなる効率化を図ろうとしました。私たちの手厚いサービスが求められるおせっかいの部分には、人材を充分に配置し、余裕を持った体制を整えたかったからです。

社員教育の面でも苦労しました。リナビスの運営上、もともと業務の適正な質と量を量るために、具体的な数値目標を設定しました。一日に一人がこなすべき作業量を着数で基準値をつくり、この基準値を超えることができれば、追加の教育は不要と判断していました。

この基準に基づいて、ＯＪＴを実施していました。新入社員は、経験豊富な社員と一緒に仕事をしながら学ぶことで、実際の業務を通じて必要な知識やスキルを習得し、理論だけでなく実践的なノウハウを身につけることができます。そして、作業の質と量のバランスを両立させていきます。

成功のための借金

リナビス成功の要因として適切な時期に、適切な投資ができたことも上げられます。そして、投資のためには銀行から融資を受ける必要がありました。

２０１７年、東田ドライは６５００万円を初めて銀行から借り入れ、初めての大規模設備投資を敢行しました。この投資は、リナビスが軌道に乗り始め事業拡大が始まったばかりの時期に行いました。きっかけは地元の同業者との偶然の出会いでした。

その同業者のクリーニング工場を見学する機会があり、最新の設備の効率性の高さに感銘を受けました。そして、東田ドライでも同じような設備を導入することを決意しました。見積もり金額は６４００万円。当時はこれを実行しなければリナビスは前に進まないと直感しました。

祖父の代から無借金経営を続けてきた東田ドライにとって、投資の決定は容易ではありませんでした。両親は借金をすれば会社が潰れるのではないかという恐怖心を常に持っていました。両親とはこの問題で何度も衝突しました。

しかし、資金がなければ新しい設備を手に入れることができず、古く効率の悪い無駄な作業を従業員に強いることになります。新しい施設がなければ、急拡大をしているリナビスの大量の受注を処理することは不可能でした。

私は家族を説得し、設備投資の必要性を力説しました。父は渋っていました。

「30年後に生きているかわからない人に、自分の未来を決められたくない。どうせ自分が責任をとることになる」

最後はそう言って父を説き伏せました。

最終的には、その他の家族も全員を納得させ、設備投資を推進することに成功しました。翌年、売上は3億円から6億円に倍増して投資は大成功の結果となりました。しかし、新しく導入した設備はすぐにその能力の限界を迎えてしまいました。

そこで、またその翌年に、さらに機械を追加することで、需要に応えようとしました。もともと年間売上2億4000万円規模の処理能力しかなかった小規模工場を、倍増する受注に対応できる大規模工場へ段階的に拡張していくことになりました。

最大の挑戦

2016年から本格的に稼働し始めたリナビスでしたが、当初は売り上げもまったく立たず最初の2年間くらいは試行錯誤の連続でした。

「おせっかい」を戦略にし、軌道に乗ってきた2019年、リナビスは大きな転機を迎えました。前年の『カンブリア宮殿（テレビ東京系）』への出演をきっかけに認知度が上がり、売上が急増しました。この急激な受注数の伸びで、生産が計画通りに進まず、商品の出荷が遅れそうになったのですこの好機を生かすため、銀行から新たに3億円を借り入れ、新しい大規模工場への投資と、さらなる広告投下を決断しました。社内では3億円の投資に関しては慎重に進めるべきだという意見も出ていました。しかし、結果的には「やってみよう」という挑戦的な姿勢で進めました。

設備を新しくして最初の数カ月は順調に売上が伸びていましたが、工場の生産能力を倍増するという計画は非常に挑戦的で、多くの課題が噴出しました。通常、こうした規模の拡大は5年ほどかけて行うものですが、私たちはそれを1年で成し遂げようとしました。そのために、新たに雇用したスタッフの教育や、生産ラインの組織化が追いつかず、結果として生産が計画通りに進まなくなってしまったのです。

クリーニングの生産ラインとは、衣類の受け取りから洗浄、仕上げ、出荷までの流れを指します。受注量が処理能力を超えてしまったため、各工程の連携もうまくいかず、全体的な作業効率も低下しました。

特に厳しかったのは11月の冬物の出荷を控えた10月の生産ピーク時で、その時点で5000人以上のお客様にご迷惑をかけてしまいました。納品が間に合いそうもなく、お客様にお詫びをしました。この年は、クレームの数が過去最多と、本当に厳しい年でした。

3億円の投資によって、当時6億円の売上を12億円に増やすという計画でした。たとえ失敗する可能性があっても、やったことが0になるわけではなく、投資した設備は資産として残るので、挑戦する価値があると判断していました。実際の売上目標は13億5000万円という数字にしていました。

良識ある経営者の感覚なら、ここで少し立ち止まり、抑制的な判断をすることが賢明に思えるかもしれません。しかし、それは私にとって最も賢くない選択肢だと思えました。例えば、6億円の売上を7億円に増やすという計画では、投資や経費を考えると、結局大きな利益を期待することは難しくなります。せいぜい数千万円です。私にとって、それよりも大きな利益が見えているだけに、そこに挑戦しないことは、自分自身に対しても、組織に対しても、期待を裏切ることになると考えたのです。

そして、どんな人でも、1年365日の使える時間をすべてかけて最大の努力をすれば、多くの困難が乗り越えられると信じています。

経営は一つの決断で終わるものではなく、毎日の積み重ねが結果を生むものです。そのため、失敗することを恐れず、常に大きな利益を生み出す方向に進むことが最も重要だと考えています。このようなチャレンジする姿勢で進んできたからこそ、リナビスは短期間で売上を10倍以上に拡大することができたのです。

この経験から、私は経営者として重要な教訓を学びました。挑戦することの大切さと同時に、急速な拡大がもたらすリスクも痛感したのです。一人の決断が会社全体、そして多くのお客様に影響を与えることを改めて認識しました。

それでも、もし時間を巻き戻せるとしても、私は同じ挑戦をして、13億5000万円を目指します。なぜなら、この経験から得られた学びと成長は、何物にも代えがたかったからです。たとえリスクがあっても、そこから学び、次につなげていく。それが私の経営者としてのスタンスでした。

Jカーブ経営戦略

私は2016年に事業を本格的に伸ばし始めてから、2019年までの間に毎年資金を借り入れていました。その借入れの方法は、ベンチャー企業が市場シェアを拡大するために採用するJカーブ戦略に似ています。

Jカーブ戦略とは、初期段階では大きな投資を行い、短期間で赤字になることを覚悟しながらも、市場シェアを確保することで将来的に大きな利益を得る経営手法です。これにより、シェア拡大の後に利益を急速に増大させることができます。有名なのがアメリカのアップル社。アマゾンやグーグルなどもこれに当たるかもしれません。

私たちの資金の使い道は大きく3つに分かれます。まず、広告費、次に設備投資、そして人材の採用です。この3つの分野に戦略的に投資することで、事業の成長を加速させました。

広告戦略

広告費については、軌道に乗る前までは年間1億円も使っていませんでした。しかし、軌道に乗った初年度には、売上1億6000万円に対して5000万円前後の広告費をねん出していました。これは売り上げに対して約30％の比率です。翌年も広告費は高い比率を維持し、売上3億円に対して8000万円ほどの広告費を投じました。

その後、売上が6億円に達した年には、1億円を超える広告費を使い、さらに翌年には12億円の売上に対して3億円の広告費を投入しました。この期間は、特に広告費に多くの資金を配分し、成長を加速させることに集中しました。

業界紙の「クリーニング新聞」によると、一般的なクリーニング店の広告費比率は5％から8％とされています。しかし、われわれはこのセオリーを無視し、平均を大きく上回る比率で広告に投資することで、大きな成長を遂げました。売上予測と実績からシンプルに考えて出した結論でした。

人事の難しさ

完全な生産環境が整うことで、スタッフは無駄なところに時間と労力をとられないので、より生産的に「おせっかい」ができることになります。経営者として、私は従業員が最大限の能力を発揮できる環境を提供することが重要だと考えていました。それは、単に設備を整えるだけでなく、「成果が出せない」という言い訳を許さない環境作りでもあるのです。

私は社会経験がないので、管理者の新規雇用の際も、よくありがちな年長の工場長と若手社長の主導権争いのような感覚はありませんでした。

ただ、管理部門とマーケティングで、ちょっとした摩擦が生じたことがありました。業績さえ上げていれば全員仲良くなると思っていましたが、簡単にはいかないものだなと、反省させられました。リナビスが人気化して受注量が激増する喜びを噛みしめるのと同時に、生産規模の拡大により、「できる人」を雇わなければならないストレスを感じていました。

私は他社の経験がないので
「上司とそりが合わない」とか、

「同僚のこういうところが気に食わない」とか、そんな場面に遭遇したことがありませんでした。

実際に社長業を続けていると、人間関係の問題が多くて驚きました。「こんなにも人ってわかり合えずに一緒の会社にいるんだ」と痛感しました。サラリーマンをやっていたら、「そんなもんでしょう」と感じられたのかもしれません。

逆に、それを知らずに全てに新鮮な気持ちで取り組めたのが、良かったのかもしれません。

本格的なブランディング

リナビスでは、初期段階から「おせっかい」を私が考え、それを念頭に置いてターゲットへのコミュニケーションをしていたので、ある程度のブランドの素地はできていました。ただ、社員も急激に増え、「おせっかい」の考え方ひとつを伝えるのもなかなか難しい状態になり始めていました。

大阪で開催されたマーケティングの展示会でブランディングの会社のセミナーを聞きました。そこで初めてお話をさせていただいた後、1年半くらいの時間を経て、本格的なリナビスのブランディング・プロジェクトを依頼しました。

このプロジェクトは、リナビスのブランドを正しく速やかに新入社員やパートのスタッフに理解してもらうことと、企業として大きく成長する過程で、直面した課題を解決するためのものでした。

初期の挑戦

東田ドライは、もともと30人ほどの小さな会社でしたが、ブランディングを依頼した時にはすでに150人を超える規模に成長していました。この急激な規模の拡大は、組織内でのコミュニケーションや管理方法を根本から見直す必要がありました。

もともと町工場のような自由な文化があり、社内では私を筆頭に「おせっかい」という強い。キーワードを持って仕事に取り組んでいました。

リナビスという新事業が成功し、会社が急速に成長し始めた初期のころは、従業員からのフィードバックが直接的に経営に反映されることが多かったのですが、人数が増えるにつれてその機会も減ったように思いました。何よりも私の言葉が伝わりにくくなっている気がしました。

ブランド戦略の策定

この問題を解決するために、10人のスタッフを選出して、ブランド戦略構築のワークショップを実施しました。実施前には、数名のお客様にインサイト調査も行いました。

インサイト調査とは、顧客の深層心理や無意識下の意識を探る調査方法です。単なる表面的な意見だけでなく、顧客の本質的な欲求や行動の背景にある動機を理解することを目的としています。ターゲットがリナビスに何を求めているのか、どんな宅配クリーニングが理想なのかなど、生の声で聴くことができたのは非常に意味がありました。

このブランディングワークショップは、参加した従業員一人ひとりが、リナビスの持っている価値を深く探求・理解して、お客様の生の声を聴くことで顧客理解を深めることができます。そしてターゲットにどう認知されるのがビジネスとして一番成功しやすいのか、という認知ゴールを定め、その認知ゴールに到達するための戦略は何になるのか、という手順で戦略を出していきました。

認知ゴールとは、顧客や市場に対して、自社やブランドがどのように認識されたいかという目標のことです。例えば、「最も信頼できるクリーニングサービス」や「全部任せられるクリーニングサービス」といった理想的な認知を設定します。

ここは社員に考えてもらわないと、やっている意味がないと思い、私はオブザーバーとして同席するだけにして、一言も意見を出しませんでした。内心は「おせっかいから離れた戦略が出てきたらどうやって進めようか？」と思っていましたが、自然に「おせっかい」を中心に置いた母の優しさが反映された戦略に落ち着きました。「おせっかい」が戦略として強かったことが証明されました。

後日、戦略が確定したあと、戦略がどのようなロジックで作られたのかが理解できるブランド・ブックと、コミュニケーションの一貫性に必要なトーン・オブ・ボイスを作成してもらいました。これらのツールは、新入社員や新しく取引をするパートナー企業に渡すことで、ウェブやSNSの言葉やデザイン、クリエイティブ、すべてに一貫性を持たせることができます。

　ブランド・ブックは、ブランド戦略がどう考えてつくられたかのプロセスをまとめた冊子のことです。これにより、社内外の人々がブランドの本質を理解し、一貫したブランドイメージを維持することができます。

　トーン・オブ・ボイスは、ブランドが顧客とコミュニケーションを取る際の「見せ方」「話し方」などの「表現方法」を定義したものです。例えば、フレンドリーな口調を使うのか、それとも専門的で格式高い言葉遣いをするのかなど、ブランドの個性を反映した表現方法を決めます。

　ブランディングの会社には、戦略が決まった2カ月後くらいに社内のパートさんも含め、すでに180名くらいになっていたスタッフの、ほぼ全員にブランド戦略の説明会を開いてもらいました。一人ひとり、ブランドにどんな貢献ができるのかを考えてもらう機会を作りました。

このようなインナーブランディングを行うことで、従業員一人ひとりがブランドの体現者となり、顧客との接点で一貫したブランド価値を提供することができます。

ブランディングの効果

ブランディングのワークショップを通じて、私たちは多くの洞察を得ることができました。特に、社内の若手からのフレッシュなアイデアも引き出すことができ、逆に分野を問わず多くの課題抽出もできました。

経営層だけでなく、全従業員が会社の将来に対して思考を持つ重要性を再認識しました。ベテランのおばちゃんたちの意見もたくさん得ることができました。

宅配クリーニング
リナビス

ブランディングを機会に、新しいロゴに変更しました。リナビスのRに、様々なお母さんたちの愛情のこもったおせっかいを表現しています。

リナビス
Love & Laundry

何よりも「おせっかい」がブレずに強固になったことで、社内全体の自信につながりました。このタイミングでリナビスのロゴも刷新しました。

組織の急拡大とスタッフ

会社が急速に拡大する中、スタッフ間の関係も変化します。この急激な成長期において、長年勤めるパートの方々が、新入社員や、経験の浅い社員よりも影響力を持つという現実は、私たちの組織のアンバランスな特性でした。

しかし、私はマイナス要因には感じません。特に、ＥＣビジネスの好調さを背景に、デジタルネイティブ世代とされる20代、30代の社員が増え続けています。彼らはＩＴに精通し、システム変更においても非常に柔軟な対応力を示しています。一方で、工場の現場では40代から60代のベテランスタッフが重要な役割を担っています。この世代の職人たちは、長年の経験と蓄積された知識で、会社の基盤を支えています。

若い社員が自分よりもずっと年長の職人を管理するという状況は、世代間のコミュニケーション・ギャップも露わにしています。これらの若い社員は、技術的なスキルや最新の知識は持っているものの、発言力や影響力の面ではまだ成長の余地があると感じていました。

私自身の経験から言えば、社内コミュニケーションは直接的な対話を重視していました。特に、長年会社に貢献してきたベテランのおばちゃんたちとの対話は、非常に重要でした。


彼女たちは20年、30年、40年という長い期間を会社で過ごしており、

「しんちゃん」

「社長！」

と気軽に話しかけてくれて、親しみやすい関係を築いていていました。

彼女たちは経営や会社への深い理解を持ち、「社長はこう言っていたから」という形で、正確かつ的確に情報を伝える能力を持っています。組織では通常、情報は上層部から順に伝わるものです。組織論に詳しい社員の中には「なぜ私たちに先に話してくれないのか？」という不満を抱く人たちもいました。

正しい情報を伝えてもそれが適切に共有されないこともあります。情報伝達の順序ももちろん重要ですが、より大事なのは、「みんな、集まって！」と目線を揃えて情報を共有し、全員を巻き込む能力のある人物の存在です。

ベテランのおばちゃん達のような、そうした人物がいることが、組織内のコミュニケーションにおいて真に重要な意味を持つことを学びました。

必ず訪れるピンチ

私は、経営者としての経験を通じて、企業が成長する過程において、しばしば社員に無理を強いることを肯定していました。働いている方のことを思うと、そのことについては今でも深く反省しています。

リナビスが成長するにつれ、毎年のように「ああ、ここで少し無理をしてしまったな」と感じる瞬間が必ず訪れていました。私が経営してきた年月の中で、そのような瞬間がなかった年は一度もありませんでした。本当に反省すべきことだと感じています。

特に、売上の伸びに集中しすぎると、3週間後には他の部署の管理がおろそかになり、一部の作業工程が限界を迎えるといった事態に陥ります。要するに全体の仕事が回らなくなるのです。作業に負荷をかけていると十分にわかっていながらも

「大変なことになってしまった！」

という状況に直面することになります。

このような危機的状況になった場合、

「なんとか、みんなで解決しなければならない」

という感じで、現場が緊迫します。負荷のかかりやすい特定の部門や、特定の作業プロセスがこのような問題に直面することがあります。


長年の社員にとっては、何度も危機的状況を乗り越えてきたので、

「しんちゃんは、やるな。やっぱ違うわ」

と親しみや愛着を感じて、今回も何とかしてくれると信じてくれる人がいました。近年入社した社員やパートタイマーを含む新しいメンバーも、リナビスの成長が著しいので、「この会社は素晴らしく成長している。社長はきっとすごい人に違いない」

と信じてくれていた人もいたのかと思います。


そんな頼もしいスタッフに対し、ピンチが訪れ、どうにか対処しなければならない時に、

「この作業はどんな理由で進んでいないのか」
「こうなるまで、どういう管理をしていたのか」
といった指摘をすることは、状況を改善する助けにはなりません。

私はそんな状況に陥った時、自ら集中して2日間ほど現場に入って働くことにしています。決して終日ではありませんが、隙間時間を見つけては、現場で一緒に働くことで、私も彼らと同じ努力をしていることを示します。

そうすることで、
「こんな困難な状況でも、私たちは乗り越えられる」という信頼と連帯感を構築します。この時期は隙間じかんがあれば、積極的に手伝い、できる限りの努力をする必要があります。社長が一生懸命作業をしている姿を見て、団結して頑張らなければ、という気持ちを醸成します。

経営者だからと、上から正論を言うだけでは現場の心は動きません。こういう時こそ、スタッフの隣で一緒に作業をしながら鼓舞することが効果的です。

おせっかいの精神

２０２０年、コロナウイルスの影響でマスク不足が深刻化する中、私は「今、自分たちに何ができるか」を考えました。知り合いの縫製工場と協力し、布マスクを制作してお客様に無料で配布することにしました。

この取り組みは社内でも賛否が分かれましたが、お客様のためになると信じて実行しました。結果、多くのお客様から感謝の声をいただき、リナビスの「おせっかい」の精神が再び評価される機会となりました。

リナビスでは、スタッフ一人ひとりが「おせっかい」の心を持って業務に取り組んでいます。例えば、出荷作業ではお客様の立場に立って衣類の梱包方法を工夫して、子ども服を一番上に配置するなどの気配りを行っています。

「おせっかい」の精神は、単にサービスの質を高めるだけでなく、お客様との深い絆を築く基盤ともなりました。これまでにリナビスをご利用いただいたお客様の中には、特に印象に残る方々がたくさんいらっしゃいます。

リナビス立ち上げ当初、まだ業績が安定していなかったころの出来事です。当時から今に至るまで利用し続けてくださっているお客様がいます。出される洋服から医師をされている方だと推察されました。その方の洋服を、失敗などしたことがない父がシミ抜きで、失敗してしまったのです。

まだリナビスを始めて間もないころだったので、私にとっては大変ショックな出来事でした。月の売上が数十万円ほどしかない時期に、そのお客様だけで売上の1～2割を占めていたからです。誰もが犯すようなミスでしたが、私は父に、

「なんで、そんな軽率な仕事をするんだ」

と強く言ってしまった記憶があります。

その後はお客様にきちんと謝罪し、弁償するしかないと考えていました。

「このお客様は離脱してしまう」

と、覚悟しました。売上の何割かを、こちらのミスで失うと考えると残念でなりませんでした。しかし、お客様は寛容に対応してくれました。

「残念でしたが、今後もリナビスを利用させていただきます」

涙が出る思いでした。今でもそのお客様はリナビスを利用されています。

当時の私は、接客の経験もなく、社会人としての心構えもできていませんでした。それでも、お客様を大切にする気持ちだけは持ち合わせていたつもりです。会員数が2000名くらいまでは、重要なお客様お名前を、ほぼ全員記憶していました。

そして、リナビスが「カンブリア宮殿」に取り上げられたときには、

「ずっと使っていたリナビスの社長がカンブリア宮殿に出演した！」
とＳＮＳで発信してくださるお客様が大勢いました。

いつの間にかそういったポジションにリナビスが存在しているのだと実感でき、とても嬉しく思いました。まるで、結成初期から応援しているインディーズバンドがメジャーデビューしたような感覚になられたのかもしれません。

リナビスの創業10周年２０２２年４月11日の前日に
「明日からリナビスは10周年を迎えます」
というお礼のメールマガジンを全顧客に送信したことがあります。

そのうちの２００件ほどから「おめでとうございます」といった返信をいただきました。当時の顧客数は１万人くらい。メールマガジンの開封率は通常１％ほどですから、本来なら、せいぜい百人くらいが開封して読む程度と考えられます。仮に数千人が開封していたとしても、そこからお祝いメールが２００

通も届くことはあり得ない数だったと思います。

中には長文のメールもあり、リナビスが多くのお客様に愛されているのだと実感しました。お客様からの感謝の言葉は、私たち従業員の大きな励みになりました。

私は社会人経験がないため、仕事でお客様を含め、誰かに怒られたことがほとんどありませんでした。そんな中、ミスを犯してお客様のもとに直接謝罪に行く機会もありました。

兵庫から東京まで謝罪に伺ったことがあります。

「わざわざ来てくれたんだ！」

と社長が謝罪に伺ったことで喜んでくださったお客様もいらっしゃいました。

しかし、一番印象に残っているのは、東京港区にある高級マンションにお住まいのお客様のもとに謝罪に伺った時のことです。その時に初めて、大人として、「これではダメだ」ときちんと指導されたように感じました。具体的には、配送中にスーツにシワがついてしまったことに対するクレームでした。

よくある内容のクレームではあったのですが、そのお客様は物流会社の役員をされていて、ネット通販の仕事を多く手掛け、深く理解をされている方でした。

「せっかく伸びている事業なのだから、こういうことが続くたびに、発注が減ってしまうでしょう。常に顧客満足度を高めていくためには、ミスは当たり前という考えではいけません」

そんなお話をいただきました。

その日からネットビジネスでありがちな、

「確率的に何%の割合でミスは発生する」という考え方を持たないようにしました。その後、お客様に直接謝罪に伺うほどのミスはなくなりました。

本来はそのような謝罪に至らないのが一番です。しかし、失敗はゼロにはできませんから、お客様と直接やり取りする中で、このままではいけないと思い知ることが大切だと考えています。

これらの経験を通じて、「おせっかい」の精神がいかに大切か、そしてそれがお客様との信頼関係構築にどれほど重要であるかを、身をもって学ぶことができました。この学びは、リナビスのさらなる成長と、クリーニング業界全体に新たな風を吹き込む原動力となりました。

業界に新風

リナビスの成功は、単に売上を伸ばすだけでなく、クリーニング業界全体に新しい風を吹き込むことになりました。従来のクリーニング業界は、価格競争や技術革新の限界に直面し、縮小傾向にありました。

私たちはその中で、「おせっかい」という独自の戦略を打ち出し、サービスの質で勝負する道を選びました。

他店で取れなかったシミを丁寧に処理し、お客様から感動の声をいただくことも多くなりました。修理サービスにも力を入れ、ボタンの緩みやほつれなど、お客様が気づかない部分までケアしました。これらの取り組みが評価され、リピート率の向上や口コミによる新規顧客の獲得につながりました。

リナビスが覆した三つの常識

私は、クリーニング業界の長年の慣習を打破するために、三つの主要な施策を実行しました。それは、「単価の見直し」「集客方法の革新」「商圏の拡大」です。

この三つの施策は、従来のクリーニング業界のビジネスモデルを根本から再構築し、リナビスが急成長を遂げる鍵となりました。

1 単価の見直し

日本のクリーニング技術は世界一と言われるほど高い水準にありますが、それが逆に価格競争を厳しくしている側面があります。ある映画でトム・クルーズが「帝国ホテルのような素晴らしいクリーニングがいい」とアドリブで言ったのも、日本のクオリティの高さに感動したからです。

しかし、この高い品質が当たり前となり、利益率が低くなってしまうというジレンマも存在しています。クリーニング業界では、長い間ワイシャツやスーツなどの軽衣料が主力商品となっており、1点あたりのクリーニング単価は400円前後が一般的でした。しかし、これでは利益率が低く、業績の向上が難しい状況にありました。

リナビスでは、この単価を根本的に見直し、重衣料に焦点を当てました。たとえば、コートやダウンジャケットといった季節性のある高価な衣料にターゲットを切り替え、その単価を1200円に設定しました。そして1つの発送用のバッグに、どんな種類のものでも10点1万円と設定したのです。

お客様は当然単価の安いシャツよりも、お得感のあるダウンやジャケットやコートなどをバッグにつめて送られてきます。こちらとしては、もちろん作業などの単価も上がるのですが、1件400円だった単価を3倍近くに引き上げることができたのです。

この施策により、1件あたりの収益性が飛躍的に向上しました。クリーニング1点あたりの単価が上がったことで、全体の収益力が強化され、このような価格戦略は業界の常識を覆し、他社との差別化にもつながったのです。

2　集客方法の革新

リナビスがさらに注力したのは、集客方法の革新です。従来のクリーニング業界は、地域密着型のビジネスモデルが主流で、店舗ごとに地元のお客様を対象にサービスを提供していました。できることは、チラシか店舗での宣伝広告になります。

しかし、リナビスはインターネットを活用した宅配クリーニングという新しいビジネスモデルを採用し、全国展開を視野に入れました。具体的には、ＥＣ

サイトを運営し、SEOやオンライン広告を駆使して、全国の顧客からの注文を集める仕組みを構築しました。リナビスは、この新たな集客方法により、地元の限られた顧客層に依存することなく、全国的な顧客基盤を築くことが可能となりました。

3 商圏の拡大

これは、集客方法のメリットと重複しますが、リナビスでは、商圏の大幅な拡大にも取り組みました。従来のクリーニング業界では、地元顧客をターゲットにした商圏が一般的でしたが、インターネットをベースとするので、全国の顧客を対象にビジネスを展開できるということになります。

これにより、繁忙期と閑散期の差が激しいクリーニング業界においても、安定した受注を確保できるようになり、閑散期の稼働が安定するようになります。

これらの施策を実行した結果、リナビスは短期間で業界における存在感を大きく高め、「おせっかいクリーニング」という独自の価値を提供することで、業績を飛躍的に伸ばすことができました。

この戦略は、単に価格を引き下げるのではなく、顧客に対してより高い価値を提供することを目指したものであり、クリーニング業界の新たなスタンダードを築きました。

このような取り組みは、従来のクリーニング業界では見られなかった新しい試みでした。多くの競合他社が価格競争に巻き込まれ、サービスの質を落としていく中で、リナビスは逆に付加価値を高め、高単価戦略を取ることに成功したのです。

多くの企業がリナビスの戦略を参考に、自社のサービス改善に乗り出しました。結果として、業界全体のサービス水準が向上したと考えています。

おせっかい道具

第六章

転換点と新たな挑戦

M&Aと社会貢献への道

M&Aの決断と影響

2023年3月、私は重大な決断を下しました。リナビスの株式を、M&Aにより全て譲渡することにしたのです。

私がリナビスの売却を決断したのには、主に3つの理由がありました。

1つ目は、送料の高騰です。物流費が上昇を続ける中、宅配に依存する事業モデルを維持していくためには、他社に勝る圧倒的な効率化が求められます。コストを下げる努力が必要不可欠でしたが、長年同じスタイルでやってきたリナビスには、それを実行する人材も余力も十分ではありませんでした。

2つ目の理由は、人材の確保が困難になってきたことです。リナビスの本社がある西脇市の労働人口は1万5000人ほどしかおらず、リナビスでは20

0人を雇用しています。入れ替わりも含めると800人以上当社で働いた計算になり、市の労働人口の20~30人に1人がリナビスで働いた経験があることになります。

人口減少が続く中で、これ以上事業を拡大し、西脇だけで人材を確保するのは至難の業だと考えました。

3つ目の理由は、管理者不足です。リナビスにはスペシャリストはいましたが、大規模な工場全体のコスト管理、マネジメント、計画立案など、全てを見渡せるゼネラリストがいませんでした。マーケティングやシステム関連の人材は、リモートワークなどを活用すれば、西脇という地域に縛られずに採用可能です。

しかし、工場管理の責任者は必ず西脇の工場に常駐する必要があります。

これらの課題を解決するためには、クリーニング業界の大手企業の傘下に入るのが最善の選択だと判断しました。M&Aによって、大手クリーニング会社から管理者クラスの人材を派遣してもらうことができ、リナビスにとって大きな前進となりました。

M&Aの決断は、リナビスにとって大きな転換点となりました。事業の継続性が担保されたことに加え、宅配クリーニングにおけるコスト削減、人材の安定確保、管理職の確保といった課題を一気に解決する起爆剤となりました。

リナビスの株式を譲渡することで、より大きな企業の傘下に入ることができます。そうすることで、設備投資や人材確保といった面で、より安定した経営が可能になります。事業の継続性という観点から見れば、M&Aは最善の選択肢だったと言えるでしょう。

とはいえ、M&Aの決断は、簡単には下せませんでした。リナビスは、先代から引き継いだ三代続く家業であり、約200名の従業員たちの生活を支える場でもあったからです。その会社を手放すことへの抵抗感は、最後の最後まで私の中に根強くありました。

また、M&Aに反対する声が社内から上がってくることも、覚悟しなければなりませんでした。「私たちを見捨てるのか」と言われれば、丁寧に説明をしたら理解してもらえると思っていました。従業員の気持ちを考えれば、M&Aに反対する声が出るのも当然のことだったと思います。

それでも私は、M&Aをすることにしました。リナビスの未来と、自分の人生を天秤にかけた時、私には最終的にそれ以外の選択肢が思い浮かばなかったのです。

M&Aの交渉は、私が自ら行いました。通常、銀行などから紹介を受けたり、仲介業者を挟んだりすると、数千万円の手数料が発生します。しかし、リナビスの魅力を存分に理解してもらうためには、直接交渉に臨む方が効果的だと考えました。

事業内容や財務内容を詳しく説明し、リナビスの将来性をアピールしていきます。その交渉の中で、私は改めてリナビスの価値を実感することができました。自分たちが築き上げてきたものの大きさを、誇らしく感じる瞬間でもありました。

幸い、交渉は順調に進みました。譲渡先の企業からは、リナビスの事業内容と将来性を高く評価してもらえたのです。約３カ月の交渉を経て、リナビスの株式は１００％譲渡されることになりました。

譲渡後も、新オーナーとの関係性を築きながら、リナビスのさらなる発展に尽力していきたいと考えています。

経営者でない自分

一方で、M&Aは私自身にも大きな変化をもたらしました。リナビスの経営は譲渡先の企業に委ねられ、私は経営の前面に立つことはなくなりました。売却当時は社長としての職務を継続する予定でしたが、昨年実質的にも会社の舵取りは私の手を離れました。

この状況の変化は、私の中に一種の達成感を生み出しました。

「自分は、もう経営者ではない」

という解放感とともに、200人近くの社員を抱える会社の経営者としての役割を終えたのだと感じたのです。

同時に、私の中には新しいことへの挑戦への期待も膨らんでいました。リナビスの株式譲渡が完了し、私は新たな挑戦として投資事業を始めました。

現在は、不動産や株式への投資を通じて、資産形成を図っています。リナビスでの経験を活かして、新たな事業を立ち上げていく。そんな未来に、私は胸を躍らせていたのです。

投資家としての私は、順調に資産を増やしています。しかし、その一方で、「自分は社会のお荷物になっているのではないか」という感覚を抱くようになっていったのです。

投資から得られる利益は私の資産を増やし、経済的な安定をもたらします。しかしながら、これらの利益が具体的にどのような社会的価値を創出しているのかを見出すことが困難でした。この活動がただの資産運用に留まり、実際に社会に貢献している実感が持てなかったのです。

むしろ、

「お金を動かすだけの存在になってしまった」
という感覚が、私の中に広がっていったのです。

私は、資産運用を通じて得られる安定した収益に感謝しつつも、単なる数字の上昇だけでは心の充足を感じることができませんでした。そこで、より直接的に人々の生活に貢献し、実質的な社会的価値を生み出す新たな事業に挑む決意を固めたのです。それが、放課後等デイサービス事業です。

新たな事業

放課後等デイサービス事業は、私の社会貢献への想いを形にしたものです。障がいを持つ子どもたちの「居場所」を作ること。それが、この事業の目的です。

私には、投資家として成功するだけでは物足りないという想いが芽生えていました。社会の役に立ちたい。誰かの笑顔を作る仕事がしたい。そんな想いを抱いていたのです。

放課後等デイサービス事業は、まさにその想いを実現するための舞台でした。子どもたちの笑顔を見るたび、私は「この事業を始めて良かった」と感じずにはいられません。

事業を軌道に乗せ、より多くの子どもたちに貢献していくこと。それが、私の新たな目標です。投資家としての私ではなく、事業家としての私の挑戦が、今、始まったのだと感じています。

会社を売却した後は、主に放課後等デイサービス事業に注力しています。放課後等デイサービスは、障がいを持つ子どもたちのための特別な支援プログラムです。

このサービスは、子どもたちが社会の一員として活躍できるように必要なスキルを身につける場を提供しています。子どもたち一人一人の可能性を引き出し、自立した生活が送れるようにサポートしながら、多様性と包摂性を社会に広めるための重要な役割を果たしています。

これは保護者にとっても大きな支えとなっていて、子どもが安心して学び、成長できる環境を整えているため、保護者は仕事や、自己実現の時間を持つことができます。このサービスを行うことで、障がいを持つ子どもたちだけでなく、その家族や社会全体に貢献することができます。

東田ドライを経営していた時、利益が出たり売上が伸びたりすると、必ず設備投資が必要になり、設備のメンテナンスにもコストがかかりました。売上が大幅に伸びても、設備の不具合で多額の修理費用が発生することもありました。

必要経費であることは理解していましたが、常に再投資を強いられる状況に疑問を感じるようになっていました。

一方、放課後等デイサービスは人件費が中心です。大きな再投資は必要ありません。これが私には新鮮に感じられました。東田ドライでは200人近くを雇用していましたが、私を直接嫌っている人は少なかったと思います。

工場に行けば「しんちゃん」と、皆が声をかけてくれ、さまざまな話をすることができました。経営を通じて自分の生活の糧を得ることはできましたが、人と関わることにも大きなやりがいを感じていたのです。

私は会社を売却した後、自分の存在価値に少し疑問を感じるようになりました。株や不動産に投資しても、私が買わなければ世の中が困るわけではありません。東田ドライの社長であれば、私のさまざまな判断や考え方に反応してくれる人がたくさんいました。

投資家になれば、社会から浮いた存在になるのではないかという懸念がありました。だからこそ、人と関わり、自分が役に立っていると実感できる仕事を続けたいと思いました。

放課後等デイサービスの現場に行けば、子どもたちが無邪気に喜ぶ姿を目の当たりにできます。自分がこの子たちの居場所を作れているのだと実感できるのです。投資家としてだけの道も選べましたが、自分のためにも人と関わる仕事を続けることが大切だと感じています。

投資での収入があれば、私個人の生活には何の問題もありません。しかし、それだけでは人生の充実感は得られないのではないかと思いました。やはり、社会とのつながりを感じられる仕事をしていたいというのが本音です。

リナビスの成功は、ある意味で「第二の創業」だったと言えるのかもしれません。事業を立て直すためには、先代から引き継いだ経営資源を最大限に活用しなければなりません。プラスの資産を伸ばし、マイナスの資産を減らす。そうすることで、事業の再生を図ることができたのです。

リナビスの事例はあくまでも家業を再生させた話です。ゼロから事業を立ち上げたわけではありません。次は、そのゼロからのスタートを経験してみたいと思っています。

親からの資産を引き継いで経営するのと、何もないところから事業を作り上げるのとでは、必要な力量が全く違います。私には、後者の経験がまだないのです。

事業を売却した資金を元手に、新しいビジネスを一から立ち上げる。そこで成功を収め、再び売却する。起業家として、一度はそのようなサイクルを経験してみたいと考えています。

新しいビジネスの中身については、まだ具体的に決めているわけではありま

せん。ただ、リナビスを運営していくうちに、人材に関してよく考えるようになりました

それは、「優秀な人材」を集めるのではなく、「普通の人材」を大切にする会社を作ること。これは、私なりの考えから導き出した結論です。

優秀な人材を集めることは確かに重要です。彼らのアイデアやスキルは、会社の成長にとって欠かせません。しかし、彼らをマネジメントすることは容易ではありません。

優秀な人材は、往々にして自信があり、自意識が強すぎるものです。組織のために動くというよりは、自分の実力を示すために動いているように見えることがあります。

また、優秀な人材を集めると、どうしても給与水準が高くなります。それだ

けの報酬を払わなければ、彼らは会社に留まってくれません。優秀な人材を集めることは、会社の業績にもダイレクトに影響してくるのです。

もちろん、優秀な人材を採用することを否定しているわけではありません。彼らの力は、会社の成長に不可欠だと思います。しかし、私が理想とするのは、「普通の人材」が活躍できる会社なのです。

例えばクリーニングの現場スタッフなどは、特別に学業が優秀でなくても、コツコツと真面目に仕事をこなしてくれる人が多いイメージです。毎日黙々とアイロンをかけたり、ボタン付けをしたりと、地道な作業を続けられる人たちです。放課後等デイサービスの現場スタッフも、同じような普通のことができる方々です。

彼らは、いわゆる「有名大学出身」でも「一流企業出身」でもありません。しかし、誠実に仕事に取り組む姿勢は、誰にも負けていないと私は思います。

そんな「普通のことができる人材」が活躍できる会社。それが、私の目指す姿です。

もちろん、「普通のことができる人材」を大切にするからといって、彼らの成長を諦めているわけではありません。むしろ、彼らの可能性を最大限に引き出すことが、経営者の役目だと考えています。「普通のことができる人材」を大切にし、教育によって彼らの可能性を伸ばすことが重要です。「普通のことができる人材」は会社に愛着を持ち、誇りを持って働くことができるからです。

新しい会社では、「優秀な人材」の知見を取り入れつつ、「普通のことができる人材」が活躍できる場を作ることで、会社全体の力を最大化したいと考えています。これはリナビス経営の経験から得た教訓でもあります。

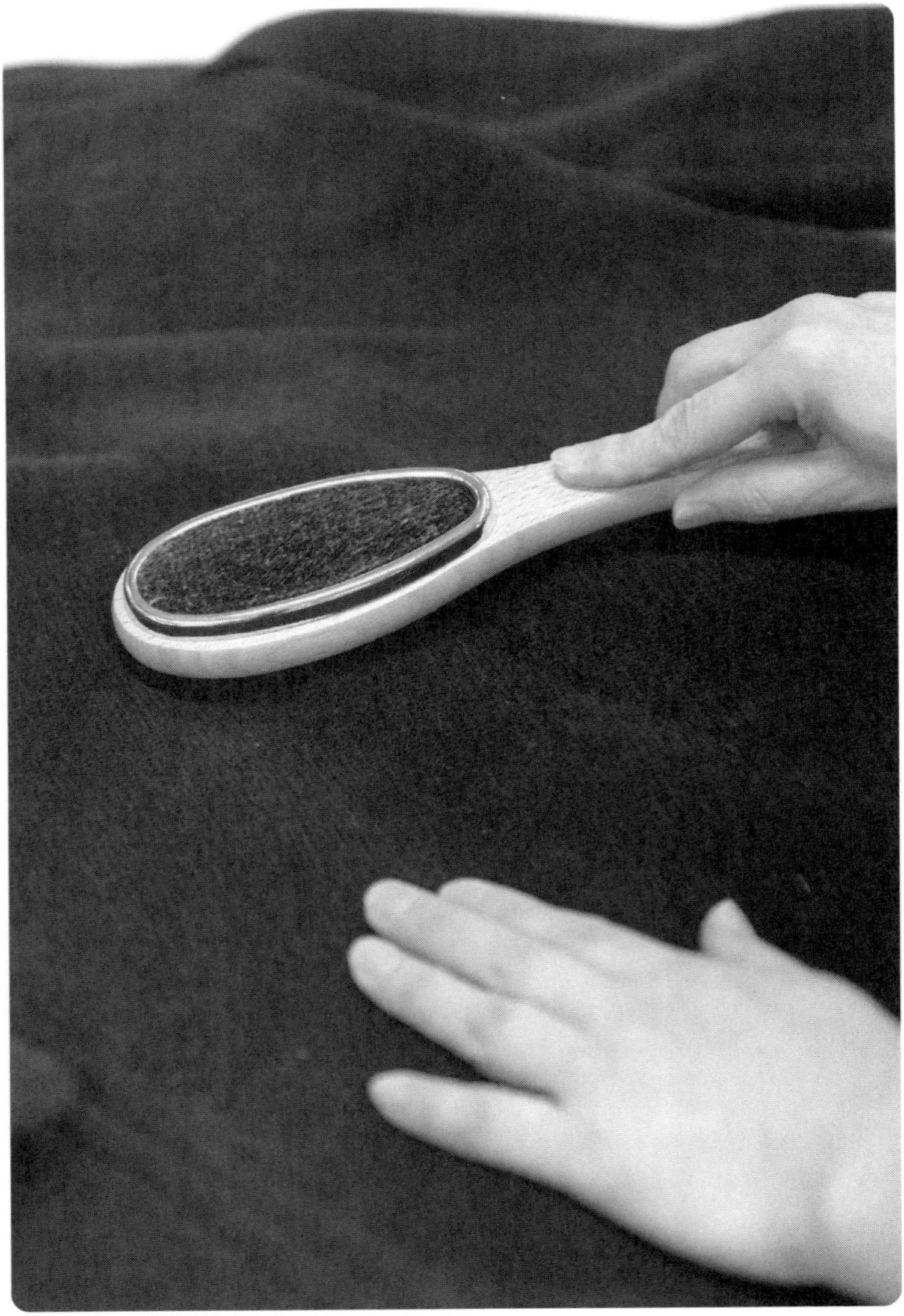

毛玉取り

第七章

シンプルな経営の思考法

平常心と決断力

平常心

私の経営哲学を一言で表すなら、「平常心」です。常にフラットな状態を保ち、感情に流されず冷静に判断することを心がけています。この姿勢は、ビジネスの様々な局面で役立ってきました。

例えば、クレーム対応の際にも、この平常心が生きます。お客様が怒っていらっしゃる時でも、なぜそのような感情になっているのかを客観的に分析します。感情的にならずに状況を把握し、適切な対応を考えることができるのです。

実際、私の周りの人からは「怒るときの沸点がわからない」と言われることがあります。これは、私自身の感情があまり動かないからです。人の感情が上下する理由が、私には理解しづらいのです。

この平常心は、組織にとっても重要です。私のように感情が安定している方が、周りの人は安心します。「今日はどんな機嫌なのかな」と気を遣う必要がないからです。これは判断を鈍らせないためにも重要です。

客観性と自己認識

私は常に自分を客観視することを心がけています。自分の行動や思考を俯瞰的に見ることで、より良い判断ができると考えています。

この能力は、私の性格的な特徴でもあります。世間的なイメージと自分が持っている自己イメージにあまり乖離がないと思っています。これが結果を出しやすい理由の一つだと考えています。

例えば、「俺ってイケてる」と思って変な判断をしたり、逆に「もうダメだ」と思って諦めてしまったりする人がいます。しかし、私は常に客観的に現状を見つめます。

「今、自分はどういう状態なのか」

「なぜこのように感じているのか」

自分の心の中を分析することで、自分を冷静に保つことができるのです。

事業継承と責任

2代目、3代目として事業を継承する方々へ、私からのメッセージがあります。それは、

「未来に対する責任は自分にある」ということです。

私の父は30歳で私を授かりました。単純計算すれば、私より30年早く人生を終えることになります。銀行からの借り入れの話でも書いていますが、つまり、私の未来に対して父は責任を取れないのです。長期的に見れば、責任を取れない人の意見に影響されすぎてはいけません。

今の代表である自分が、将来の会社に対して責任を持つべきです。たとえ親の意見であっても、30年後、40年後の会社のことを考えると、自分で決断を下す必要があります。

実際に、私が父に対して言った言葉は

「お父さんは30年後とか40年後に生きていないでしょ。僕は生きて経営している。だから、今取った消極的な選択が30年後、40年後に『あの時こうしていたら良かった』と言っても、死んでいたら責任が取れない。だから、もう僕が決めさせてもらう」という言葉でした。

リスクと決断

経営においては、リスクを取ることも重要です。私は、1億円の借り入れも100億円の借り入れも、本質的には同じだと考えています。返せなければ破産になるという点で、リスクの本質は変わりません。

これは爆弾のようなものです。1個持っていても100個持っていても、爆発したら死んでしまいます。確かに、爆発しないように気を使う難易度は上がりますが、そもそも事業を継いだ時点で爆弾のようなリスクを持たされているのです。

そうであれば、リスクを増やすことが死亡率を上げることにはならないと考えています。

むしろ、リスクを取らないことのほうが危険な場合もあります。私が継いだ時点で会社は厳しい状況でした。何も変えずにいれば、数年後には潰れていたかもしれません。だからこそ、大胆な改革に踏み切る必要があったのです。

私の考えでは、どうせ8年後くらいに潰れる会社なら、思い切ってチャレンジして2年で潰れても、人生全体で見れば、6年分の時間を得したとも考えられます。うじうじして何も変わらずに8年後に潰れるのと、チャレンジして2

年で潰すのと、どちらも同じなのです。

意思決定のプロセス

私の意思決定プロセスは、非常にシンプルです。経営は常に二択の連続だと考えています。AかBか、やるかやらないか、という選択の繰り返しです。

重要なのは、決断のスピードです。私は「15分ルール」を設けています。15分考えても、3日考えても、結論は変わらないことが多いのです。だから、15分で決断するようにしています。

自分がそんなに賢くなるとは思っていないので、今判断を迫られた時に、15分考えても3日考えても結論は同じだと思っています。

また、完全に後戻りできない選択はほとんどありません。多少の余地を持たせながら選択し、うまくいかなければ軌道修正すればよいのです。例えば、右のパンと左のパンどちらが美味しいか、一瞬だけかじって「あ、違った」と言えば左に戻せるくらいの感覚です。

このように、平常心を保ち、客観的に状況を分析し、素早く決断を下す。これが私の経営スタイルです。難しく考えすぎず、シンプルに物事を捉えることで、より良い経営判断ができると信じています。

最後に

ここまで読んでいただいてありがとうございました。

私は会社を経営するということは、それほど難しくないと考えています。常に目の前に決断をするべき二者択一が広がっていて、それを選んでいくだけです。もし間違えたと思ったら、早く修正して、正しい方を選び直せばよいのです。

結局のところ、経営も人生も、目の前に二択があると思っています。どちらかを早く選んで、良かったらそのまま続ければよいし、悪かったら戻って考え直せばよいだけです。

このシンプルな考え方が、私がリナビスを短期間で成長させることができた大きな要因だと信じています。

あとがき

私はリナビスの、当時ほぼ完成に近づいてたブランディングをサポートしたところから、東田さんとのお付き合いがはじまりました。東田社長と初めてお会いしたとき、私の印象に残ったのは、その中立的で冷静な佇まいでした。

ミーティングやワークショップを通じて、感情の起伏を外に出すことなく、静かにそれでいて要所でポイントを的確に抑えていく姿勢は、見た目の若さとは別に、まさに一流の経営者にふさわしいものでした。

私はリナビスのブランド戦略策定に関わらせていただきましたが、その過程で工場の皆さんの熱心な働きぶりや、東田社長との風通しの良い関係がとても印象的でした。スタッフの方々が気さくに声をかけ合いながら業務に取り組む様子は、「いい会社だな」と実感させられました。

私もテレビ東京のカンブリア宮殿を見てファンになった一人ですが、リナビスの急速な事業拡大は、通常のＩＴビジネスと異なり、物理的な制約を伴う生産工場の拡大という難題を克服したもので、信じられない気がしていました。

このような挑戦を短期間で成し遂げるのは、他の経営者には到底できないことだと感じています。これは、リナビスの成功が一代目、二代目の努力と規律によって築かれた土台の上にあるからこそ、三代目としての東田社長が資金調達などで大きな飛躍を遂げたと言えるのだと思います。

２０２３年に株式を売却したというお話を伺ったとき、私は非常に驚きましたが、彼の決断の背景を聞き、その英断に納得しました。生産規模を維持し、地域の雇用を守るため、規模の大きいプロフェッショナルに委ねたその姿勢は、まさに現代的な経営者の潔さと優れた判断力を示しています。東田社長は、まだ30代という若さで、これからもさらなる事業展開や新しいビジネスの可能性を切り開くことでしょう。

本書の最終章には、彼の経営哲学がコンパクトに凝縮されています。これは、二代目・三代目の事業承継に悩む経営者たちにとって、貴重な指針となることは間違いありません。

私は以前ビジネス誌の編集長として多くの経営者に触れてきましたが、これほど潔くシンプルな考え方を持ちながら、同時に熱い情熱を持った経営者は稀だと思います。

東田社長の今後の活躍が非常に楽しみであり、彼がさらに多くのビジネスシーンで成功を収めていくことを予言しておきます。

カタパルト株式会社　代表取締役　佐藤浩志

❖著者略歴

東田伸哉（とうだ・しんや）

1989年9月4日生まれ、兵庫県西脇市出身。
株式会社東田ドライの元代表取締役社長。中学・高校時代はテニスに情熱を注ぎ、競技者としての精神力を養う。中京大学現代社会学部を卒業後、2012年に家業であるクリーニング業に入社。2014年、業界でも早い時期にインターネット宅配クリーニング「リナビス」を立ち上げ、1億数千万円だった売上を数年で17億円に拡大。彼が掲げた「おせっかい戦略」は、顧客の細かなニーズに寄り添い、競争激しいクリーニング業界に革新をもたらしました。その経営手腕は業界をリードする存在として注目を集め、数多くの起業家や経営者に影響を与えています。2023年 M&Aにより株式をすべて売却。現在は事業家、投資家として活躍中。

おせっかいサービス戦略《せんりゃく》

2025年4月18日　第1版第1刷発行

著　　者　東田伸哉
構 成 者　佐藤浩志
発 行 所　WAVE出版
〒136-0082 東京都江東区新木場1-18-11
E-mail info@wave-publishers.co.jp
http://www.wave-publishers.co.jp
印刷・製本　モリモト印刷

ISBN978-4-86621-473-3
C0034